Бавно Готвене 2023

Разкрийте Вкусовете на Времето

Иван Георгиев

съдържание

Свински пържоли с мед и горчица

(Готов за около 4 часа | За 4 порции)

съставки

- 4 свински пържоли без кости

- 1/4 чаша нарязан праз

- 1/2 чаша пилешки бульон

- 1/2 чаша сухо бяло вино

- 1 супена лъжица царевично нишесте

- 2 супени лъжици мед

- 2 супени лъжици горчица

- 1 чаена лъжичка настърган джинджифил

- Сол на вкус

- черен пипер на вкус

Адреси

1.Смесете свинските пържоли, праза, пилешкия бульон и бялото вино в глинен съд.

2.Покрийте и оставете да къкри за около 3 до 4 часа.

3.Извадете свинските котлети от глинения съд и ги дръжте на топло.

4.Добавете царевично нишесте, мед, горчица, джинджифил, сол и черен пипер; продължете да готвите около 5 минути. Сервирайте горещ.

Пушено свинско със сини сливи

(Готов за около 8 часа | За 8 порции)

съставки

- 2 килограма свинско филе, обезкостено и нарязано на кубчета

- 1 чаша сини сливи без костилки

- 1 ½ чаши зеленчуков бульон

- 1/2 чаша сухо бяло вино

- 1 чаена лъжичка лимонов сок.

- Сол на вкус

- черен пипер на вкус

- пушен червен пипер, на вкус

- 2 супени лъжици царевично нишесте

- 1/4 чаша студена вода

- течен дим, на вкус

- 4 чаши сварен кус-кус, топъл

Адреси

1.Поставете всички съставки, с изключение на царевичното нишесте, водата, течния дим и кускуса, в глинен съд.

2.Покрийте и оставете да къкри около 8 часа. След това увеличете топлината до висока; гответе около 10 минути.

3.В купа смесете царевичното нишесте със студена вода. Добавете тази смес и течния дим към тенджерата и разбърквайте непрекъснато в продължение на 2 до 3 минути. Сервирайте с кус-кус.

Пушена шунка от сладък портокал

(Готов за около 3 часа | За 10 порции)

съставки

- 3 килограма пушена шунка без кост

- 1/3 чаша портокалов сок

- 1/4 чаша мед

- 1 чаена лъжичка бахар

- 1/2 чаена лъжичка смляна канела

- 11/2 супени лъжици царевично нишесте

- 1/4 чаша студена вода

- 2 супени лъжици сухо шери

Адреси

1. Поставете всички съставки, с изключение на царевичното нишесте, водата и шерито, в глинен съд.

2. Покрийте и оставете да къкри, докато шунката омекне или около 3 часа. Прехвърлете готовата шунка в чиния за сервиране.

3. Измерете 1 чаша бульон в тиган; загрейте до кипене; добавете останалите смесени съставки за около 1 минута.

4. Сервирайте шунка със сос и се насладете!

Пиле шери с картофено пюре

(Готов за около 4 часа | За 4 порции)

съставки

За пилето шери:

- 1/4 чаша сухо шери

- 1 чаша стафиди

- 4 средни пилешки гърди

- 1 готварска ябълкова торта, обелена и нарязана

- 1 глава сладък лук, нарязан

- 1 чаша пилешки бульон

- сол и черен пипер на вкус

За картофеното пюре:

- 2 паунда картофи Айдахо, обелени и сварени

- 1/4 заквасена сметана

- 1/3 чаша пълномаслено мляко

- 2 лъжици масло

- 1 чаена лъжичка морска сол

- 1/4 чаена лъжичка черен пипер

- 1/4 чаена лъжичка кайенски пипер

Адреси

1.В глинен съд поставете всички съставки за пилето шери; покрийте и гответе на силен огън, докато пилешките гърди омекнат или 3 до 4 часа.

2.Междувременно разбийте картофите, като добавите заквасена сметана, мляко и масло; разбийте до гладко и равномерно.

3.Овкусете с подправките и сервирайте отстрани с пиле шери.

Пилешко ритано с тиквички

(Готов за около 4 часа | За 6 порции)

съставки

- 3 средни пилешки гърди, нарязани на две

- 1 чаша бадемово мляко

- 1/4 чаша вода

- 1/4 чаша лимонов сок

- 2 смлени скилидки чесън

- 1 среден лук, нарязан

- Сол на вкус

- червен пипер на вкус

- 1 чаена лъжичка смлян джинджифил

- 1 чаена лъжичка смлян кимион

- 1 килограм тиквички, нарязани

- 1 супена лъжица царевичен грис

- 2 супени лъжици вода

- 1/3 чаша нарязан пресен магданоз

- 4 чаши варен ориз

Адреси

1.Поставете всички съставки, с изключение на тиквичките, царевичното брашно, водата, магданоза и ориза, във вашия глинен съд.

2.Покрийте и оставете да къкри около 4 часа, като добавите тиквички през последните 30 минути от времето за готвене. Запазете пилешките гърди.

3.Увеличете котлона до висока степен и продължете да готвите 10 минути; добавете комбинираните царевично брашно и вода, като разбърквате за около 3 минути.

4.Поръсете с магданоз; сервирайте върху ориз.

Празнични корниш кокошки

(Готов за около 6 часа | За 4 порции)

съставки

- 2 замразени кокошки Корниш, размразени
- 1/2 чаена лъжичка морска сол
- 1/4 чаена лъжичка смлян черен пипер
- 1/2 чаена лъжичка кайенски пипер
- 1 смляна скилидка чесън
- 1/3 чаша пилешки бульон
- 2 супени лъжици царевичен грис
- 1/4 чаша вода

Адреси

1.Поръсете корнуолските кокошки със сол, черен пипер и лют червен пипер; добавете смлян чесън и поставете в глинен съд. Залейте с пилешкия бульон.

2.Покрийте и гответе на слаб огън за 6 часа. Извадете корниш кокошките и ги запазете.

3.Добавете комбинираните царевично брашно и вода, като разбърквате за 2 до 3 минути; присъстват.

19

Сьомга със сос от каперси

(Готов за около 45 минути | За 4 порции)

съставки

- 1/2 чаша сухо бяло вино

- 1/2 чаша вода

- 1 глава жълт лук, нарязан на ситно

- 1/2 чаена лъжичка сол

- 1/4 чаена лъжичка черен пипер

- 4 филета от сьомга

- 2 лъжици масло

- 3 супени лъжици брашно

- 1 чаша пилешки бульон

- 2 супени лъжици лимонов сок

- 3 супени лъжици каперси

Адреси

1.Комбинирайте вино, вода, лук, сол и черен пипер в глинен съд; покрийте и гответе на силен огън за 20 минути.

2.Добавете филета от сьомга; покрийте и гответе на силен огън, докато сьомгата омекне или около 20 минути.

3.За да направите соса, в малък тиган разтопете маслото на среден огън. Добавете брашното и гответе за 1 минута.

4.Налейте пилешки бульон и лимонов сок; разбийте 1 до 2 минути. Добавете каперси; сервирайте сос със сьомга.

Сьомга хляб с билки и сос

(Готов за около 5 часа | За 4 порции)

съставки

За питката със сьомга:

- 1 чаша пресни галета

- 1 консерва (7 ½ унции) сьомга, отцедена

- 1/4 чаша нарязан див лук

- 1/3 чаша пълномаслено мляко

- 1 яйце

- 1 супена лъжица пресен лимонов сок

- 1 чаена лъжичка сух розмарин

- 1 чаена лъжичка смлян кориандър

- 1/2 чаена лъжичка сминдух

- 1 чаена лъжичка синапено семе

- 1/2 чаена лъжичка сол

- 1/4 чаена лъжичка бял пипер

За соса:

- 1/2 чаша нарязана краставица

- 1/2 чаша нискомаслено обикновено кисело мляко

- 1/2 чаена лъжичка копър

•Сол на вкус

Адреси

1.Постелете глинения си съд с алуминиево фолио.

2.Смесете всички съставки за питката със сьомга, докато всичко се смеси добре; Оформете питка и я поставете в глинения съд.

3.Похлупва се с подходящ капак и се вари на тих огън 5 часа.

4.Комбинирайте всички съставки за соса; разбийте, за да комбинирате.

5.Сервирайте питката си с готов сос.

Мързеливец Макарони и сирене

(Готов за около 4 часа | За 4 порции)

съставки

- Незалепващ спрей за готвене с вкус на масло

- 16 унции макарони по избор

- 1/2 чаша разтопено масло

- 1 кутия (12 унции) кондензирано мляко

- 1 чаша мляко

- 4 чаши настъргано сирене Colby Jack

Адреси

1. Намажете леко глинен съд със спрей за готвене.

2. Първо сварете любимите си макарони според инструкциите на опаковката; изплакнете и източете; прехвърлете в гърне.

3. Добавете останалите съставки и разбъркайте добре. Гответе на слаб огън за 3 до 4 часа. Наслади се!

Средиземноморско пиле с тиквички

(Готов за около 8 часа | За 4 порции)

съставки

- 4 средни пилешки гърди без кожа

- 2 чаши нарязани на малки кубчета домати

- 1 кубче бульон

- 1/2 чаша сухо бяло вино

- 1/2 чаша вода

- 1 средна тиквичка, нарязана

- 1 голяма глава лук, нарязана

- 1/3 чаша луковица копър, нарязана

- 1 чаена лъжичка смлян кимион

- 1 чаена лъжичка сушени листа босилек

- 1 дафинов лист

- Щипка черен пипер

- 1/4 чаша маслини, без костилки и нарязани

- 1 чаена лъжичка лимонов сок.

- 3 чаши варен ориз

Адреси

1.Поставете всички съставки, с изключение на маслините, лимоновия сок и сварения ориз, в глинен съд; покрийте и оставете да къкри около 8 часа, като добавите обезкостени маслини през последните 30 минути от времето за готвене.

2.Добавете лимонов сок; изхвърлете дафиновия лист. Сервирайте върху сварен ориз и се насладете.

Средиземноморски пълнени спагети скуош

(Готов за около 8 часа | За 4 порции)

съставки

•1 средно голяма тиква спагети, разполовена по дължина и почистена от семките

•2 ромски домата, нарязани на кубчета

•2 (6-унции) консерви риба тон във вода, отцедена и настъргана

•1 чаена лъжичка сушени листа босилек

•1 чаена лъжичка изсушени листа от риган

•1/2 чаена лъжичка сушена мащерка

•Сол на вкус

•черен пипер на вкус

•Кайенски пипер, на вкус

•1/2 чаша вода

•1/4 чаша Пекорино Романо, настърган

Адреси

1.Поставете половинките тиква в чиния.

2.В мерителна чаша или купа смесете всички съставки с изключение на водата и Pecorino Romano. Изсипете тази смес в половинки тиква и поставете в тенджерата.

3.Добавете вода към тенджерата; покрийте и гответе 6 до 8 часа на слаб огън.

4.Поръсете с Пекорино Романо и сервирайте.

Всекидневна доматена запеканка

(Готов за около 3 часа | За 6 порции)

съставки

- •8 унции макарони, варени

- •1 кутия (16 унции) малки домати, нарязани на кубчета, отцедени

- •1/2 чаша нарязан праз

- •1 чаша пълномаслено мляко

- •1 чаша вода

- •1 супена лъжица царевичен грис

- •3 яйца, леко разбити

- •1/2 чаша настъргано пикантно сирене

- •1/2 чаена лъжичка смляна канела

- •Сол на вкус

- •Черен пипер, като гарнитура

Адреси

1.Смесете макароните, доматите и праза в глинен съд.

2.В купа смесете останалите съставки, с изключение на червения пипер; Залейте макароните в тенджерата.

3.Оставете да къкри около 3 часа или докато кремът стегне; разпределете в чинии за сервиране и поръсете с червен пипер.

Макарони с четири сирена

(Готов за около 3 часа | За 8 порции)

съставки

- Незалепващ спрей за готвене с вкус на масло

- 3 чаши пълномаслено мляко

- 1/3 чаша универсално брашно

- 1 чаша Colby-Jack, натрошен

- 1 чаша обезмаслена моцарела, настъргана

- 1 чаша сирене чедър, настъргано

- 500 г макарони, сварени ал денте

- 1/2 чаша пармезан

Адреси

1. Третирайте глинен съд със спрей за готвене.

2. В голяма купа смесете млякото и брашното до гладкост; добавете останалите съставки с изключение на макарони и пармезан.

3. Добавете макароните и поръсете с пармезан.

4. Покрийте и гответе на слаб огън за 3 часа.

Кремообразна запеканка със зеленчукова юфка

(Готов за около 5 часа | За 6 порции)

съставки

- 1 чаша 2% обезмаслено мляко

- 1 ½ чаши крем супа от гъби

- 2 супени лъжици майонеза с намалено съдържание на мазнини

- 1 чаша топено сирене, настъргано

- 1 зелена чушка

- 1 голям морков, нарязан

- 1/3 стрък целина, нарязан

- 1/3 чаша нарязан лук

- 1/4 чаена лъжичка морска сол

- 1/4 чаена лъжичка смлян черен пипер

- 6 унции юфка, приготвена ал денте

- 1/2 чаша нахут

- 1 супена лъжица масло

- 1/3 чаша пресни галета

- 1/3 чаша нарязани кедрови ядки

Адреси

1.В глинен съд смесете първите десет съставки.

2.Добавете варени юфка; захлупва се с подходящ капак и се вари на тих огън 5 часа. Добавете нахута през последните 30 минути от времето за готвене.

3.В чугунен тиган разтопете маслото на среден огън; гответе галетата и кедровите ядки за около 5 минути. Поръсете в готовия гювеч и сервирайте!

старомодна паста болонезе

(Готов за около 7 часа | За 6 порции)

съставки

- 1/2 килограм смляно свинско месо

- 1/2 килограм телешка кайма

- 1/4 чаша нарязан лук

- 3 скилидки чесън, смлени

- 1/4 чаша нарязан морков

- 11/2 ч.л. суха италианска подправка

- 1 кутия (8 унции) доматен сос, неотцеден

- 1 голям домат, нарязан на кубчета

- 1/4 чаша сухо червено вино

- 1 чаена лъжичка морска сол

- 1/4 чаена лъжичка черен пипер

- 1/4 чаена лъжичка кайенски пипер

- 12 унции спагети, варени

Адреси

1.В тежък тиган с незалепващо покритие запържете смляното говеждо месо на среден огън за 8 минути; накълцайте с вилица.

2.Добавете останалите съставки, с изключение на спагетите, в глинения съд. Покрийте и гответе на слаб огън за 6 до 7 часа.

3.Поднесете готовия сос върху спагетите и поднесете топли.

Традиционни мексикански енчилади

(Готов за около 1 час и 15 минути | За 6 порции)

съставки

- 1 килограм мляно свинско и говеждо месо

- 3 резена канадски бекон, нарязан

- 1 ¼ чаши вода

- 1 (1-унция) пакет смес от подправки за тако

- 1 чаша гъст сос

- 2 чаши пилешки бульон

- морска сол, на вкус

- 4 чаши смес от мексикански сирена, настъргани

- 10 царевични тортили, нарязани на четвъртинки

Адреси

1.В широка тенджера сварете телешката кайма и бекона на среден огън. Гответе до златисто кафяво или около 10 минути.

2.В средна купа смесете вода, смес от подправки за тако, салса, пилешки бульон, сол и 2 чаши сирене.

3.Поставете слой от тортили на дъното на глинен съд. Добавете слой телешка кайма и след това изсипете слой от сместа от соса върху него.

4.Повторете слоевете още веднъж, като завършите със слоя тортила. Отгоре покрийте с останалите 2 чаши сирене.

5.Покрийте с капак; гответе на силен огън за 1 час.

Пълнени пилешки гърди

(Готов за около 3 часа | За 4 порции)

съставки

- •1/2 чаша пикантно сирене, настъргано

- •1 червена чушка нарязана

- •1 нарязана зелена чушка

- •1 нарязана жълта чушка

- •2 супени лъжици наситнен пресен магданоз

- •1/4 чаша кориандър, нарязан

- •1/4 чаша домати, нарязани на кубчета

- •1/2 чаена лъжичка чили на прах

- •1/2 чаена лъжичка целина сол

- •4 малки пилешки гърди, обезкостени и начукани на дебелина 1/4 инча

Адреси

1.В купа смесете всички съставки с изключение на пилето.

2.Разпределете тази смес върху пилешките гърди. Увийте пилешките гърди плътно и ги закрепете с клечки за зъби или шишчета.

3.Поставете пилешките рулца в глинения съд. Покрийте и гответе 3 часа на силен огън.

паста с доматен сос

(Готов за около 7 часа | За 6 порции)

съставки

- •4 големи домата, нарязани

- •1 голяма глава жълт лук, нарязан на ситно

- •2 смлени скилидки чесън

- •1⁄2 чаша сухо червено вино

- •2 супени лъжици доматен сос

- •1 супена лъжица кафява захар

- •1 чаена лъжичка изсушени листа от риган

- •1 чаена лъжичка семена от целина

- •1 чаена лъжичка сушени листа от мащерка

- •1⁄8 чаена лъжичка червен пипер

- •1/4 чаена лъжичка кошер сол

- •12 унции паста, сварена и топла

Адреси

1.Комбинирайте всички съставки, с изключение на пастата, във вашия глинен съд.

2.Покрийте и гответе 7 часа на слаб огън.

3.Сервирайте соса върху пастата и се насладете.

Фарфале с гъбен сос

(Готов за около 8 часа | За 6 порции)

съставки

- 1 ситно нарязан лук

- 2 смлени скилидки чесън

- 1 среден домат със слива, нарязан

- 1 ½ чаши крем супа от гъби

- 2 супени лъжици доматен сос

- 1 супена лъжица кафява захар

- 1 чаена лъжичка изсушени листа от риган

- 1 чаша гъби, нарязани на ситно

- 1 чаена лъжичка сушени листа босилек

- 1/4 чаена лъжичка кошер сол

- 1/4 чаена лъжичка смлян черен пипер

- 12 унции фарфале, сварени и топли

Адреси

1. В глинен съд поставете всички съставки с изключение на фарфалето.

2. Покрийте с капак и гответе около 8 часа на слаб огън.

3. Изсипете фарфале с гъбения сос и сервирайте.

Риси Биси от Северна Италия

(Готов за около 1 час и 30 минути | За 4 порции)

съставки

- 1 чаша вода

- 2 чаши зеленчуков бульон

- 1/2 чаша ситно нарязан зелен лук

- 2 смлени скилидки чесън

- 1 ½ чаши ориз

- 1 чаена лъжичка изсушени листа от риган

- 1 супена лъжица сушени листа босилек

- Смлян черен пипер, на вкус

- Кайенски пипер, на вкус

- 8 унции зелен грах, нарязан

- 1 чаена лъжичка пресен лимонов сок

- 1/2 чаша настърган пармезан

Адреси

1.В глинен съд поставете всички съставки с изключение на граха, лимоновия сок и сиренето.

2.Покрийте и гответе на силен огън около 1 ¼ час или докато течността почти се абсорбира. Добавете граха през последните 15 минути от времето за готвене.

3.Добавете лимонов сок и сирене; Разпределете в чинии за сервиране и сервирайте.

Ризото с пекорино и зелен грах

(Готов за около 1 час и 30 минути | За 4 порции)

съставки

- 2 чаши зеленчуков бульон

- 1 чаша доматен сок

- 1/2 чаша ситно нарязан шалот

- 2 смлени скилидки чесън

- 1 ½ чаши варено пиле, нарязано на кубчета

- 1 ½ чаши ориз

- 1 чаена лъжичка суха италианска подправка

- Сол на вкус

- Смлян черен пипер, на вкус

- Черен пипер, на вкус

- 8 унции зелен грах, нарязан

- 1/2 чаша настъргано сирене пекорино

Адреси

1.Във вашия глинен съд поставете всички съставки с изключение на граха и сиренето пекорино.

2.Покрийте; гответе на силен огън около 1 час и 30 минути, като добавите граха през последните 15 минути от времето за готвене.

3.Добавете сиренето и сервирайте топло.

Ризото с тиквички и жълта тиква

(Готов за около 1 час и 25 минути | За 4 порции)

съставки

- 3 чаши зеленчуков бульон

- 1 среден лук, нарязан

- 2 смлени скилидки чесън

- 1 чаша нарязани гъби кремини

- 1 чаена лъжичка сух розмарин

- 1 ½ чаши късозърнест ориз

- 1 чаша нарязани на кубчета тиквички

- 3/4 чаша жълта лятна тиква, нарязана на кубчета

- 1 сладък картоф, обелен на кубчета

- 1/4 чаша настъргано сирене пекорино

- 1/2 чаена лъжичка морска сол

- 1/2 чаена лъжичка смлян черен пипер

- 1/2 чаена лъжичка кайенски пипер

Адреси

1.Комбинирайте всички съставки, с изключение на сиренето, във вашия глинен съд.

2.Покрийте и гответе на силен огън около 1 ¼ час или докато оризът стане ал денте.

3.Добавете сирене; Разпределете между четири чинии за сервиране и се насладете.

Яйчен сладкиш с гъби

(Готов за около 4 часа | За 4 порции)

съставки

- 4 големи яйца

- 1/4 чаша универсално брашно

- 1/2 чаена лъжичка сода бикарбонат

- 1/4 чаена лъжичка сол

- 1/8 чаена лъжичка прясно смлян черен пипер

- 2 чаши сирене Colby Jack, настъргано

- 1 чаша нискомаслена извара

- 1 чипотле чили, нарязан

- 1 чаша гъби, нарязани

- 1/2 чаена лъжичка сушен розмарин

- 1/2 чаена лъжичка сушени листа босилек

Адреси

1.В голяма купа разбийте яйцата, докато станат на пяна; Смесете заедно брашното, содата, солта и смления черен пипер. Добавете останалите съставки.

2.Изсипете сместа в намазнена глинен съд; покрийте и гответе около 4 часа на слаб огън.

3.Разпределете между четири чинии за сервиране и се насладете!

ароматно ябълково ризото

(Готов за около 9 часа | За 6 порции)

съставки

- 1/4 чаша разтопено масло

- 1 ½ чаши ориз Арборио

- 3 ябълки, почистени от сърцевината и нарязани

- 1⁄4 чаена лъжичка прясно смляно индийско орехче

- 1⁄4 чаена лъжичка смлян карамфил

- 1 чаена лъжичка смляна канела

- 1⁄3 чаша кафява захар

- Шипка сол

- 1 чаша ябълков сок

- 2 чаши пълномаслено мляко

- 1 чаша вода

Адреси

1. Добавете маслото и ориза в тенджерата.

2. След това добавете останалите съставки; разбъркайте, за да се комбинират.

3. Покрийте и гответе 9 часа на слаб огън. Сервирайте със сушени плодове по желание.

Вкусно солено суфле

(Готов за около 3 часа | За 8 порции)

съставки

- •8 филийки хляб

- •8 унции сирене чедър, настъргано

- •8 унции сирене моцарела, настъргано

- •Незалепващ спрей за готвене

- •2 чаши обезмаслено кондензирано мляко

- •4 яйца

- •1/4 чаена лъжичка бахар

Адреси

1. Нарежете хляба на парчета и го запазете.

2. Смесете сирената и ги запазете.

3. Намажете глинен съд с незалепващ спрей за готвене. След това добавете хляб и сирене. Разбъркайте, за да се комбинират.

4. В мерителна чаша или купа разбийте заедно млякото, яйцата и бахара. Изсипете върху хляба и сиренето в тенджерата. Гответе 2 до 3 часа на слаб огън.

5. Сервирайте, по желание поръсени с обезкостени нарязани маслини.

Спагети с аспержи и боб

(Готов за около 3 часа | За 8 порции)

съставки

- 1 (15-унция) консерва велик северен боб, изплакнат и отцеден

- 3⁄4 чаша зеленчуков бульон

- 2 домата, нарязани сливи

- 1 нарязан морков

- 1 чаена лъжичка сушени листа босилек

- 1 чаена лъжичка изсушени листа от розмарин

- сол и черен пипер на вкус

- 1 килограм нарязани аспержи

- 8 унции спагети, варени

- 1⁄2 чаша пармезан, настърган

Адреси

1.Комбинирайте всички съставки, с изключение на аспержите, спагетите и сиренето, във вашия глинен съд.

2.Гответе на слаб огън за около 3 часа, като добавите аспержи през последните 30 минути от времето за готвене.

3.Регулирайте подправките по ваш вкус, след това добавете спагети и пармезан; присъстват.

Лесен вкусен зелен фасул

(Готов за около 4 часа | За 8 порции)

съставки

- 1 килограм зелен фасул

- 4 големи домата, нарязани

- 1⁄2 чаша нарязан шалот

- 3 скилидки чесън, смлени

- 1 чаена лъжичка сушени листа босилек

- 1 чаена лъжичка сух розмарин

- 1/2 чаена лъжичка целина сол

- 1/4 чаена лъжичка черен пипер

- 1/4 чаена лъжичка кайенски пипер

Адреси

1. Комбинирайте всички съставки във вашия глинен съд.

2. Покрийте с капак; след това гответе на силен огън около 4 часа или докато бобът омекне.

3. Сервирайте с предястие за птици.

Веган средиземноморска наслада

(Готов за около 2 часа | За 8 порции)

съставки

- 2 чаши зелен фасул

- 1/4 чаша ситно нарязан лук

- 2 смлени скилидки чесън

- 1 голяма червена чушка, нарязана

- 1 голям морков, нарязан

- 1 чаена лъжичка корен от джинджифил, смлян

- 1/2 чаша вода

- 1 чаша консервиран черен боб, отцеден

- 1 супена лъжица оризов винен оцет

- 2 супени лъжици сос тамари

- 1/2 чаена лъжичка морска сол

- 1/4 чаена лъжичка смлян черен пипер

Адреси

1.Във вашия глинен съд смесете зеления фасул, лука, чесъна, чушката, моркова, корена от джинджифил и вода; покрийте с капак и поставете тенджерата на силен огън.

2.Гответе около 1 час и половина; да източа. Добавете останалите съставки и гответе още 30 минути. Овкусете, коригирайте подправките и сервирайте.

Горещ печен боб

(Готов за около 6 часа | За 8 порции)

съставки

- 1 чаша нарязан лук

- 2 (15-унции) кутии пинто боб, изплакнати и отцедени

- 1 серано чили нарязан

- 1 чушка халапеньо, нарязана на ситно

- 1 чаша царевица с цели зърна

- 1 чаша чери домати, наполовина

- 2 супени лъжици захар

- 1/2 чаена лъжичка сушени листа от мащерка

- 1 дафинов лист

- 1/2 чаена лъжичка морска сол

- 1/4 чаена лъжичка бял пипер

- 1/2 чаша настъргано сирене пекорино

- 1/4 чаша пресен магданоз, нарязан на ситно

Адреси

1.Комбинирайте всички съставки, с изключение на сиренето и магданоза, във вашия глинен съд.

2.Покрийте и гответе на слаб огън за 5 до 6 часа.

3.Поръсете със сирене и магданоз и сервирайте!

Печен боб Канелини с билки

(Готов за около 6 часа | За 6 порции)

съставки

- •1 чаша зеленчуков бульон

- •3 (15-унции) кутии боб канелини

- •1/2 чаша нарязан праз

- •2-3 скилидки чесън, смлени

- •1 стрък целина нарязан

- •1 сладка червена чушка, нарязана

- •1 чаена лъжичка сушен градински чай

- •2 дафинови листа

- •6 сушени домата, омекнали и нарязани

- •1/2 чаена лъжичка червен пипер

- •1/2 чаена лъжичка морска сол

- •1/4 чаена лъжичка прясно смлян черен пипер

Адреси

1.Поставете всички съставки във вашия глинен съд.

2.Покрийте и гответе 5 до 6 часа на слаб огън. Сервирайте с наденица и любима салата по желание.

Вкусен боб със сладки подправки

(Готов за около 6 часа | За 10 порции)

съставки

- 1 ½ чаши нарязан праз

- 4 (15-унции) консерви Great Northern боб, изплакнати и отцедени

- 2 супени лъжици ситно нарязан корен от джинджифил

- 3 скилидки чесън, смлени

- 1 лъжица захар

- 1 чаша доматено пюре

- 1 чаена лъжичка синапено семе

- 1 чаена лъжичка сушени листа от мащерка

- 1 чаена лъжичка изсушени листа от градински чай

- 1/4 чаена лъжичка настъргано индийско орехче

- 2 дафинови листа

- черен пипер на вкус

- 5-6 зърна черен пипер

- 1/2 чаша джинджифил на трохи, едро смлян

Адреси

1.Комбинирайте всички съставки, с изключение на джинджифиловите трохи, в глинен съд.

2.Покрийте глинения съд с капак и гответе 6 часа на слаб огън, като през последния час добавете джинджифилови трохи.

3.Изхвърлете дафиновите листа и сервирайте горещо.

Лесно медено цвекло със стафиди

(Готов за около 2 часа и 30 минути | За 6 порции)

съставки

- 2 чаши гореща вода

- 1 ½ паунда средно цвекло

- 1 голяма глава червен лук, нарязан на ситно

- 2 смлени скилидки чесън

- 1/4 чаша стафиди

- 3 супени лъжици препечени кедрови ядки

- 1/4 чаша мед

- 3 супени лъжици червен винен оцет

- 1 супена лъжица зехтин

- сол и черен пипер на вкус

Адреси

1. В глинен съд поставете гореща вода и цвекло; покрийте и гответе на силен огън около 2 часа; да източа.

2. След това обелете цвеклото и го нарежете на малки парчета. Върнете се в глинения съд; добавете останалите съставки.

3. Гответе още 30 минути. Сервирайте с предястие от птиче месо и се насладете!

Глазирано брюкселско зеле с перлен лук

(Готов за около 2 часа и 10 минути | За 6 порции)

съставки

- 8 унции замразен перлен лук, размразен

- 8 унции малко брюкселско зеле

- 11/2 чаши гореща вода

- 1/4 чаена лъжичка смлян черен пипер

- 1/4 чаена лъжичка кайенски пипер

- 1/2 чаена лъжичка морска сол

- 1 супена лъжица маргарин

- 1/4 чаша кафява захар

Адреси

1.Комбинирайте перлен лук, брюкселско зеле и гореща вода в глинен съд.

2.Покрийте с капак и гответе на силен огън около 2 часа или докато зеленчуците омекнат; да източа. Подправете с черен пипер, лют червен пипер и морска сол.

3.Добавете маргарина и захарта и гответе още 10 минути. Сервирайте горещо и се насладете.

Пюре от картофи и моркови с билки

(Готов за около 3 часа и 30 минути | За 8 порции)

съставки

- •2 чаши нарязани на кубчета обелени картофи

- •2 килограма моркови, нарязани на филийки

- •1 чаша вода

- •2 лъжици масло

- •1⁄4 чаша топло мляко

- •1/2 чаена лъжичка сушен розмарин

- •1/2 чаена лъжичка бахар

- •1/2 чаена лъжичка семена от целина

- •1 чаена лъжичка сух босилек

- •1 чаена лъжичка сух риган

- •1/2 чаена лъжичка сол

- •1/2 чаена лъжичка счукан червен пипер на люспи

Адреси

1.Поставете картофите, морковите и водата във вашия глинен съд; покрийте с капак и гответе 3 часа на висока температура. Отцедете добре.

2.Пасирайте сварените картофи и моркови в кухненски робот до кремообразно и гладко пюре; Върнете се в тенджерата. Открийте и гответе на силен огън около 30 минути; разбърквайте от време на време.

3.Разбийте маслото и млякото в пюрето от картофи и моркови. Направете кремообразна консистенция. Овкусете с подправките и сервирайте.

зимнина с бекон

(Готов за около 4 часа | За 6 порции)

съставки

- 1 зелка, нарязана на тънко

- 3⁄4 чаша нарязан праз

- 2 средни моркова, нарязани

- 1 сладка червена чушка, нарязана на ситно

- 2 смлени скилидки чесън

- 1⁄2 чаена лъжичка анасон

- 1⁄4 чаша телешки бульон от консерва

- 1/4 чаша сухо бяло вино

- Сол на вкус

- 1/2 чаена лъжичка смлян черен пипер

- 2 филийки нарязан бекон, сварен хрупкав и отцеден

Адреси

1.Комбинирайте всички съставки, с изключение на бекона, във вашия глинен съд.

2.Покрийте и гответе на силен огън около 4 часа или докато зелето омекне.

3.Добавете бекон, коригирайте подправките на вкус и се наслаждавайте!

Вегетарианско крем зеле

(Готов за около 4 часа и 10 минути | За 6 порции)

съставки

- 1 голяма зелка, нарязана на ситно

- 3/4 чаша нарязан червен или жълт лук

- 2 средни моркова, нарязани

- 1 сладка чушка, нарязана на ситно

- 2 смлени скилидки чесън

- 1/2 чаена лъжичка семена от кимион

- 1/2 чаена лъжичка семена от целина

- 1 чаша консервиран зеленчуков бульон

- Сол на вкус

- Смлян черен пипер, на вкус

- Кайенски пипер, на вкус

- 1/2 чаша заквасена сметана с намалено съдържание на мазнини

- 1 супена лъжица царевичен грис

Адреси

1.Във вашия глинен съд поставете всички съставки с изключение на заквасената сметана и царевичното брашно.

2.Покрийте с капак и гответе 4 часа на висока температура.

3.Добавете комбинираната заквасена сметана и царевично брашно и продължете да готвите още 10 минути. Сервирайте горещ.

Невероятни моркови с портокалова глазура

(Готов за около 3 часа и 10 минути | За 4 порции)

съставки

- 1 килограм бейби моркови

- 3/4 чаша портокалов сок

- 1 супена лъжица масло

- 1/2 чаша кафява захар, лека опаковка

- 1/2 чаена лъжичка бахар

- 1/4 чаена лъжичка смлян боздуган

- 1/2 чаена лъжичка морска сол

- 1/2 чаена лъжичка бял пипер

- 2 супени лъжици царевичен грис

- 1/4 чаша вода

Адреси

1.В глинен съд поставете всички съставки с изключение на царевичното брашно и водата; покрийте и гответе на силен огън около 3 часа или докато морковите станат хрупкави.

2.В малка купа смесете царевично брашно и вода; добавете към гърне. Разбъркайте за 2 до 3 минути.

3.Разпределете в четири чинии за сервиране и сервирайте с месно или рибно предястие, ако желаете.

Средиземноморско кремаво зеле

(Готов за около 4 часа и 10 минути | За 6 порции)

съставки

- •1 голяма савойска зелка, нарязана

- •3/4 чаша нарязан червен или жълт лук

- •1 ребро целина, нарязано

- •1 зелена чушка, нарязана на ситно

- •1 жълта чушка, нарязана на ситно

- •2 смлени скилидки чесън

- •1 чаена лъжичка семена от целина

- •1 чаша консервиран зеленчуков бульон

- •Сол на вкус

- •Смлян черен пипер, на вкус

- •Черен пипер, на вкус

- •настъргано индийско орехче

- •1 чаша спанак, нарязан на кубчета

- •1/2 чаша обикновено гръцко кисело мляко

- •1 супена лъжица царевично нишесте

Адреси

1.В глинен съд поставете всички съставки с изключение на спанака, киселото мляко и царевичното нишесте.

2.Гответе под капак за 4 часа, като добавите спанак през последните 30 минути от времето за готвене и поръсете с няколко допълнителни подправки, ако желаете.

3.Добавете смесените кисело мляко и царевично нишесте, като разбърквате за около 10 минути. Сервирайте горещо и се насладете!

Глазиран с портокал сладък картоф

(Готов за около 3 часа и 5 минути | За 4 порции)

съставки

- 1 килограм сладки картофи

- 3/4 чаша портокалов сок

- 1 супена лъжица маргарин

- 1/2 чаша кафява захар

- 1/2 чаена лъжичка настъргано индийско орехче

- 1/4 чаена лъжичка смлян боздуган

- 1/4 чаена лъжичка смлян карамфил

- 1/2 чаена лъжичка смляна канела

- 1/2 чаена лъжичка кошер сол

- 1/2 чаена лъжичка бял пипер

- 2 супени лъжици царевичен грис

- 1/4 чаша вода

Адреси

1.Поставете всички съставки, с изключение на царевичното брашно и водата, в глинен съд.

2.Покрийте и гответе на силен огън за около 3 часа или докато сладките картофи станат хрупкави.

3.Добавете царевично брашно и вода, като бъркате непрекъснато за 3 до 4 минути. Сервирайте с любимото си месно предястие.

Вкусен семеен царевичен флан

(Готов за около 3 часа | За 6 порции)

съставки

- 1 чаена лъжичка захар

- 1 чаша мляко

- 3 яйца, леко разбити

- 1 ½ чаша сметана царевица

- 1 чаша царевични зърна

- 1/2 чаена лъжичка бахар

- 1/2 чаена лъжичка сол

- 1/4 чаена лъжичка бял пипер

Адреси

1. Смесете всички съставки. Поставете в съд за суфле.

2. Поставете тази форма за суфле върху решетка в глинен съд.

3. Покрийте и оставете да къкри около 3 часа.

пикантен царевичен пудинг

(Готов за около 3 часа | За 6 порции)

съставки

- Незалепващ спрей за готвене

- 3 средни яйца

- 1 чаша пълномаслено мляко

- 1/2 чаша замразена царевица с цели зърна, размразена

- 2 супени лъжици универсално брашно

- 1/2 чаена лъжичка смлян кимион

- 1 чаена лъжичка фина морска сол

- 1/4 чаена лъжичка натрошени люспи от червен пипер

- 1/4 чаена лъжичка черен пипер

- 1/2 чаша сметана царевица

- 2 чаши пикантно сирене с намалено съдържание на мазнини, настъргано

- 1 чипотле чили, нарязан

Адреси

1.Третирайте вътрешността на вашия глинен съд с незалепващ спрей за готвене.

2.Пюрирайте яйца, мляко, пълнозърнеста царевица, универсално брашно, кимион, сол, червен пипер на люспи и черен пипер във вашия кухненски робот или блендер, докато стане гладко и гладко.

3.Изсипете сместа в намазнения глинен съд. Добавете останалите съставки.

4.Покрийте и гответе около 3 часа на слаб огън.

Свинска плешка с пикантен сос

(Готов за около 12 часа | За 10 порции)

съставки

- •1 печена свинска плешка

- •1/2 чаена лъжичка смлян черен пипер

- •1/2 чаена лъжичка кайенски пипер

- •1 чаена лъжичка фина морска сол

- •1 супена лъжица натурален портокалов сок

- •1 чаша балсамов оцет

- •2 супени лъжици кафява захар

- •1 супена лъжица сос Табаско

Адреси

1.На дъното на глинения съд поставете свинското месо. Подправете с черен пипер, лют червен пипер и морска сол. Налейте портокаловия сок и балсамовия оцет.

2.Покрийте и гответе 12 часа на слаб огън.

3.Извадете свинското месо от гърнето; изхвърлете костите.

4.За да направите соса, запазете 2 чаши от течността. Към заделената течност добавете захарта и соса Табаско.

5.Нарежете свинското месо и го върнете в тенджерата. Свинското месо се залива със соса.

6.Съхранявайте на топло преди сервиране.

Крем от праз и чесън

(Готов за около 3 часа | За 6 порции)

съставки

- •2 супени лъжици екстра върджин зехтин

- •4 праза (само белите части), нарязани на шайби

- •2 смлени скилидки чесън

- •1/2 чаена лъжичка бахар

- •2 яйца, леко разбити

- •1 чаша пълномаслено мляко

- •1/8 чаена лъжичка смляно индийско орехче

- •1/2 чаена лъжичка морска сол

- •1/4 чаена лъжичка смлян черен пипер

- •1/4 чаена лъжичка натрошени люспи от червен пипер

- •1/2 чаша швейцарско сирене, настъргано

Адреси

1.В малък чугунен тиган загрейте зехтина на средно висока температура. Задушете праза и чесъна за около 8 минути.

2.В подходящ съд за суфле се добавят задушените праз и чесън; добавете останалите съставки; поставете го върху решетка във вашия глинен съд.

3.Покрийте и оставете да къкри 3 до 3 часа и половина или докато кремът стегне.

4.Оставете да почине за 10 минути, преди да нарежете и сервирате. Този крем може да бъде вкусна вечеря, а също така ще допълни любимото ви основно ястие.

Пълнен лук Vidalia

(Готов за около 4 часа | За 6 порции)

съставки

- •4 средни глави лук Vidalia, обелени

- •1/2 чаша галета

- •1/2 чаша сирене queso fresco, натрошено

- •4 сушени домата, нарязани

- •1/4 чаша воден кестен

- •2 смлени скилидки чесън

- •1/2 чаена лъжичка сушени листа босилек

- •1/4 чаена лъжичка сол

- •1/4 чаена лъжичка черен пипер

- •1 яйчен белтък

- •1/2 чаша топъл пилешки бульон

Адреси

1.Сварете лука Vidalia във вода за около 10 минути; да източа.

2.Нарежете лука Vidalia на половинки и отстранете средата. Можете да резервирате центрове за друга употреба.

3.В купа смесете останалите съставки с изключение на пилешкия бульон; с готовата смес напълнете половинките лук.

4.Добавете пълнен лук в глинен съд; залейте с пилешкия бульон.

5.Варете под капак на силен огън около 4 часа.

Ям конфи от плодове и ядки

(Готов за около 4 часа | За 8 порции)

съставки

- 2 килограма ямс, обелен и нарязан на тънко

- 1/4 чаша касис

- 1/4 чаша препечени орехи, нарязани

- 2/3 чаша опакована светлокафява захар

- Шипка сол

- 1/2 чаена лъжичка бахар

- 1/4 чаена лъжичка смлян черен пипер

- 2 супени лъжици студено масло

- 1/2 чаша вода

- 2 супени лъжици царевичен грис

Адреси

1. Подредете ямса в глинен съд, като поръсите с касис, орехи, кафява захар, сол, бахар и черен пипер и поръсете със студено масло. Повтаряйте слоевете, докато свършат съставките.

2. Комбинирайте вода и царевично брашно; изсипете в глинен съд.

3. Покрийте и гответе на слаб огън за 3 часа; след това увеличете котлона до висока степен и гответе още 1 час. Наслади се!

Кленови медени ребра

(Готов за около 5 часа | За 6 порции)

съставки

- 3 килограма свински ребра

- 1 чаша консервиран зеленчуков бульон

- 1/2 чаша вода

- 1/4 чаша мед

- 3 супени лъжици горчица

- 1/4 чаша барбекю сос

- 1/4 чаша сос тамари

- 1/4 чаша чист кленов сироп

Адреси

1.В тенджерата смесете всички съставки с изключение на свинските ребра.

2.Нарежете ребрата на филийки; поставете свинските ребра в глинения съд.

3.Покрийте и гответе 5 часа на силен огън или докато свинското месо падне от костите. Сервирайте горещо с пикантен доматен сос и малко допълнително горчица, ако желаете.

Хляб с ямс за зимните празници

(Готов за около 3 часа | За 6 порции)

съставки

- 1 ¼ чаши ямс, обелен и едро настърган

- 1/3 чаша ситно нарязан шалот

- 2 кисели ябълки, настъргани

- 1⁄4 чаша златни стафиди

- 1⁄8 чаена лъжичка смляно индийско орехче

- 1/4 чаена лъжичка смлян карамфил

- 1/4 чаена лъжичка смляна канела

- 1⁄4 чаша универсално брашно

- 1⁄4 чаша пресен портокалов сок

- Шипка сол

- 1/4 чаена лъжичка бял пипер

- 1 голямо яйце

Адреси

1.Смесете всички съставки, с изключение на яйцето; регулирайте подправките на вкус. Добавете яйцето.

2.Поставете сместа в намаслена тава за хляб; поставете тавата за хляб върху решетката на вашия глинен съд. Покрийте с алуминиево фолио.

3.Налейте 2 инча гореща вода в глинен съд; покрийте и гответе на силен огън около 3 часа.

4.Оставете да почива върху решетка поне 5 минути; Инвестирайте в чинии за сервиране и сервирайте.

Пудинг от тиква и сладки картофи

(Готов за около 3 часа и 30 минути | За 6 порции)

съставки

- Масло от рапица

- 1 чаша тиква Хъбард

- 1 чаша нарязани моркови

- 4 средни сладки картофа, обелени и нарязани на кубчета

- 1/4 чаша портокалов сок

- 2 лъжици масло

- 1/4 чаша опакована светлокафява захар

- 1/4 чаена лъжичка карамфил

- Шипка сол

- 3 яйца, леко разбити

- 1 чаша миниатюрен блат

Адреси

1.Намажете вътрешността на глинения съд с масло от канола.

2.Добавете тиква, моркови и сладки картофи; покрийте и гответе на силен огън около 3 часа.

3.Извадете зеленчуците от гърнето; смесете с останалите съставки, с изключение на marshmallows.

4.Върнете настърганите зеленчуци в тенджерата; покрийте и гответе на силен огън още 30 минути. Отгоре разпределете блата и сервирайте.

Богат и кремообразен картофен гратен

(Готов за около 3 часа и 30 минути | За 8 порции)

съставки

- 2 килограма картофи, обелени и нарязани

- 1⁄4 чаша зелен лук, нарязан

- 1/2 чаена лъжичка сол

- 1/4 чаена лъжичка смлян черен пипер

- 2 лъжици масло

- 3 супени лъжици ситно нарязан шалот

- 3 супени лъжици универсално брашно

- 1 чаша мляко

- 2 унции нискомаслено топено сирене, на кубчета

- 1 чаша сирене чедър, настъргано

- 1/2 чаена лъжичка сушени листа босилек

- 1/2 чаена лъжичка сушени листа от риган

- 1/2 чаена лъжичка червен пипер

Адреси

1.Поставете половината от нарязаните картофи и зеления лук на дъното на гърнето; поръсете със сол и смлян черен пипер.

2.За да направите соса, разтопете маслото в малък тиган; добавете шалот и брашно и гответе около 2 минути. Постепенно разбийте млякото, като разбърквате до сгъстяване или 2 до 3 минути.

3.След това намалете котлона до минимум; добавете останалите съставки. Разбъркайте, докато всичко се смеси добре и се разтопи.

4.Изсипете половината от този сос от сирене върху слоевете в глинения съд. Повторете слоевете, завършвайки със сос от сирене.

5.Покрийте и гответе на силен огън около 3 часа и половина. Сервирайте горещо и се насладете!

Кремообразни картофи с пушена шунка

(Готов за около 4 часа | За 8 порции)

съставки

- 2 килограма картофи, нарязани

- 12 унции пушена шунка, нарязана на кубчета

- 1 чаша консервирана крем супа от гъби

- 1 чаена лъжичка сушени листа босилек

- 1 чаша мляко

- 1 ½ чаши сирене Monterey Jack

- морска сол, на вкус

- 1/4 чаена лъжичка прясно смлян черен пипер

- 1/4 чаена лъжичка кайенски пипер

- пушен червен пипер, на вкус

Адреси

1. Поставете картофите и пушената шунка на дъното на глинения съд.

2. В голяма купа смесете останалите съставки; изсипете в тенджерата.

3. Покрийте и гответе на силен огън около 4 часа. Наслади се!

Крем кореноплодни зеленчуци

(Готов за около 5 часа | За 6 порции)

съставки

- 4 малки картофа, нарязани

- 1 средна луковица копър, нарязана

- 1 нарязана ряпа

- 1 голям морков, нарязан

- 2 средни пащърнака, нарязани

- 3 малки праза (само белите части), нарязани на шайби

- 2 смлени скилидки чесън

- 1/2 чаена лъжичка сушени листа босилек

- Сол на вкус

- 1/4 чаена лъжичка смлян черен пипер

- 1/4 чаена лъжичка червен пипер

- 1 чаша пилешки бульон

- 1/2 чаша половин и половина

- 1 чаша заквасена сметана

- 2 супени лъжици царевичен грис

Адреси

1.Комбинирайте всички съставки, с изключение на заквасената сметана и царевичното брашно, във вашия глинен съд.

2.Покрийте и гответе на силен огън около 5 часа или докато зеленчуците омекнат.

3.Добавете комбинираната заквасена сметана и царевично брашно и продължете да готвите, като разбърквате за 2 до 3 минути. Присъстват.

Суфле от гъби и тиквички

(Готов за около 4 часа | За 8 порции)

съставки

- •4 средни яйца

- •3/4 чаша пълномаслено мляко

- •1/4 чаша универсално брашно

- •1 чаша гъби, нарязани

- •1 килограм тиквички, нарязани

- •2 супени лъжици едро нарязан магданоз

- •1 смляна скилидка чесън

- •1/2 чаена лъжичка сушени листа босилек

- •1/2 чаена лъжичка сушени листа от риган

- •1/2 чаена лъжичка сушен розмарин

- •1 чаена лъжичка сол

- •1/4 чаена лъжичка смлян черен пипер

- •1/4 чаена лъжичка кайенски пипер

- •1/2 чаша настърган пармезан

Адреси

1.В купа разбийте яйцата, млякото и универсалното брашно до гладкост.

2.След това добавете останалите съставки, с изключение на 1/4 чаша сирене пармезан.

3.Изсипете тази смес в тенджера; поръсете с останалата 1/4 чаша пармезан.

4.Поставете гювеч върху решетка в глинен съд; покрийте и гответе 4 часа на силен огън. Сервирайте горещ.

Удоволствие от юфка със спанак и сирене

(Готов за около 4 часа | За 8 порции)

съставки

- 1/2 чаша нискомаслено крема сирене

- 1 чаша извара

- 3 големи яйца, леко разбити

- 1 чаша пълномаслено мляко

- 1/2 чаша касис

- 1/2 чаена лъжичка бахар

- 2 чаши спанак

- 1/2 чаша яйчена юфка, сварена ал денте

- 1/2 чаена лъжичка сол

- 1/2 чаена лъжичка смлян черен пипер

- 1/2 чаена лъжичка счукан червен пипер на люспи

- Пармезан, като гарнитура

Адреси

1.В средна купа комбинирайте крема сирене и извара; разбийте яйцата и ги добавете към сирената смес.

2.Добавете останалите съставки, с изключение на пармезана; изсипете във форма за суфле.

3.Поръсете с пармезан; поставете съда за суфле върху решетка в глинен съд.

4.Покрийте и оставете да къкри за около 4 часа или докато стегне.

солен пудинг за хляб

(Готов за около 5 часа | За 8 порции)

съставки

- Незалепващ спрей за готвене

- 8 унции хляб, нарязан на кубчета

- 1 чаена лъжичка сушени листа босилек

- 1/2 чаена лъжичка синапено семе

- 2 супени лъжици разтопено масло

- 1 ребро целина, нарязано на тънки филийки

- 1 голям морков, нарязан

- 8 унции гъби, нарязани на тънко

- 1 чаша ситно нарязан шалот

- 1 смляна скилидка чесън

- 1 чаша лек крем

- 1 чаша пълномаслено мляко

- 4 яйца, леко разбити

- 1/2 чаена лъжичка сол

- 1/4 чаена лъжичка смлян черен пипер

- 1/4 чаша сирене проволоне, настъргано

Адреси

1.Напръскайте кубчетата хляб с незалепващ спрей за готвене; поръсете с босилек и синапено семе и разбъркайте.

2.Печете на лист бисквитки при 375 градуса F за около 15 минути или до златисто.

3.Загрейте маслото в тежък тиган. Запържете целина, моркови, гъби, шалот и чесън за около 8 минути.

4.В голяма купа смесете останалите съставки с изключение на сиренето проволон; добавете намаслените кубчета хляб и задушените зеленчуци.

5.Лъжица в намазана глинен съд; поръсете настъргано сирене проволоне отгоре и охладете за една нощ. Гответе под капак на силен огън около 5 часа.

Царевица и картофи със скариди

(Готов за около 2 часа | За 8 порции)

съставки

- •4 царевични класа, разполовени

- •2 килограма червени картофи, обелени и нарязани на четвъртинки

- •1/4 чаша подправка за сваряване на скариди

- •1 супена лъжица семена от целина

- •1 чаена лъжичка сушени листа босилек

- •4 праз лука, нарязани на ситно

- •Вода, колкото е необходимо

- •1 ½ килограма средни скариди

Адреси

1.Поставете всички съставки, с изключение на скаридите, в глинен съд.

2.Гответе 2 до 2 часа и половина на силен огън.

3.Добавете скариди; продължете да готвите 20 минути или докато скаридите се сварят. Сервирайте горещ.

Богата и здравословна лятна паеля

(Готов за около 6 часа | За 12 порции)

съставки

- 1 супена лъжица екстра върджин зехтин

- 2 средни глави лук, нарязани

- 3 скилидки чесън, смлени

- 1 килограм пикантен колбас

- 2 килограма нарязани домати

- 2 чаши пилешки бульон

- 2 чаши сок от миди

- 1 чаша сух вермут

- 2 ½ чаши ориз, неварен

- 1/2 чаена лъжичка смлян кимион

- 1/2 чаена лъжичка семена от кимион

- 1 чаена лъжичка шафран

- морска сол, на вкус

- 1/4 чаена лъжичка смлян черен пипер

- 2 супени лъжици зехтин

- 1 фунт риба, на кубчета

- 1 килограм скариди

- 1 килограм пресни миди

- 1 нарязана зелена чушка

- 1 чаша пресен зелен грах

Адреси

1.Загрейте зехтина в тежък тиган на среден огън; след това задушете лука, чесъна и наденицата, докато наденицата покафенее и стане на трохи. Отцедете и прехвърлете в глинения съд.

2.Добавете домати, пилешки бульон, сок от миди, вермут, ориз, кимион, семена от кимион, шафран, сол и черен пипер; покрийте и оставете да къкри 6 часа.

3.В същия тиган загрейте 2 супени лъжици масло; изпържете рибата и скаридите. Прехвърлете в глинения съд. Добавете останалите съставки и гответе до готовност. Сервирайте горещ.

Заек в кокосов сос

(Готов за около 6 часа | За 8 порции)

съставки

- 1 чаша кокосово мляко

- 1 чаша вода

- 3 средни домата, нарязани на кубчета

- 2 нарязан праз

- 1 чаена лъжичка сол

- 1 дафинов лист

- 1/2 чаена лъжичка смлян черен пипер

- 1/2 чаена лъжичка счукан червен пипер на люспи

- 3 килограма заешко месо, нарязано на порции

Адреси

1. В глинен съд смесете всички съставки.

2. Покрийте с капак и загрейте на слаб огън за 5 до 6 часа.

3. Сервирайте върху юфка или варен ориз.

Вегетарианска мусака от картофи и патладжани

(Готов за около 7 часа | За 8 порции)

съставки

- 1 чаша изсушена кафява леща, изплакната и отцедена

- 3 средни картофа, обелени и нарязани

- 1 чаша вода

- 1 кубче бульон

- 1 ребро целина, нарязано на ситно

- 1 средно голяма глава лук, нарязана

- 3 скилидки чесън, смлени

- 1/2 чаена лъжичка сол

- 1/4 чаена лъжичка прясно смлян черен пипер

- 1/4 чаена лъжичка смляна канела

- 1 чаена лъжичка италианска подправка

- 1 чаша нарязани моркови

- 1 среден патладжан, нарязан на кубчета

- 1 чаша нарязани на кубчета домати

- 1 чаша крема сирене, омекотено

- 2 големи яйца

Адреси

1.Във вашия глинен съд наредете съставките, както следва: леща, картофи, вода, кубче бульон, целина, лук, чесън, сол, черен пипер, канела, италианска подправка, моркови и патладжан.

2.Покрийте и загрейте на слаб огън за 6 часа.

3.Добавете нарязаните на кубчета домати, крема сиренето и яйцата. Покрийте и оставете да къкри още час.

Пилешки бутчета с къри с картофи

(Готов за около 8 часа | За 8 порции)

съставки

- •1 супена лъжица къри на прах

- •1 чаена лъжичка смлян карамфил

- •1 чаена лъжичка смляно индийско орехче

- •1 чаена лъжичка смлян джинджифил

- •2 килограма пилешки бутчета, нарязани на кубчета без кост и кожа

- •1 чаена лъжичка зехтин

- •1 среден жълт лук, нарязан

- •2 смлени скилидки чесън

- •1 нарязан чили

- •1 ½ паунда картофи с червена кора, нарязани на кубчета

- •1 чаша кокосово мляко

Адреси

1.В средна купа разбийте заедно кърито, карамфила, индийското орехче и джинджифила. Нарежете пилешките бутчета на малки парчета. Добавете пиле в купа; разбъркайте, за да покриете равномерно.

2.Загрейте зехтина в тиган; задушете подправените пилешки парчета, докато започнат да покафеняват. Добавете към тенджерата.

3.Добавете останалите съставки. Разбъркайте, за да се комбинират. Гответе около 8 часа на слаб огън.

Вкусно клафути от круши през нощта

(Готов за около 3 часа | За 4 порции)

съставки

- 2 круши без сърцевина

- 1/2 чаша оризово брашно

- 1/2 чаша нишесте от арарут

- 1 чаена лъжичка сода бикарбонат

- 1 чаена лъжичка бакпулвер

- 1/2 чаена лъжичка ксантанова гума

- Шипка сол

- 1/4 чаша захар.

- 1 чаена лъжичка карамфил

- 1/2 чаена лъжичка настъргано индийско орехче

- 1 чаена лъжичка смляна канела

- 2 супени лъжици разтопен зеленчуков мазнина

- 2 яйца

- 1 чаша мляко

- Кленов сироп за украса

Адреси

1.Нарежете крушите на филийки и прехвърлете в глинения съд.

2.В голяма купа разбийте заедно оризовото брашно, нишестето от арарут, содата за хляб, бакпулвера, ксантанова гума, сол, захар, карамфил, индийско орехче и канела.

3.За да направите тестото, направете кладенче в центъра на сухите съставки; добавете маслото, яйцата и млякото. Разбъркайте добре, за да се комбинират.

4.Изсипете тестото върху парчетата круши в глинен съд. Раздуйте капака на глинения съд с клечка за зъби.

5.Гответе на силен огън 3 часа. Сервирайте с кленов сироп.

Вечерно ризото с ябълки

(Готов за около 9 часа | За 6 порции)

съставки

- •1/4 чаша разтопено масло

- •1 ½ чаши ориз Карнароли

- •3 ябълки, обелени, почистени и нарязани

- •1/4 чаена лъжичка смлян карамфил

- •1 чаена лъжичка смляна канела

- •1/4 чаена лъжичка кошер сол

- •1/3 чаша кафява захар

- •1 чаша вода

- •2 чаши пълномаслено мляко

- •1 чаша ябълков сок

Адреси

1.Добавете маслото и ориза към вашия глинен съд; разбъркайте, за да покриете.

2.Добавете останалите съставки; разбъркайте добре, за да се комбинират.

3.Покрийте с капак и гответе на слаб огън за 9 часа. Сервирайте горещ.

Запеканка от хляб и сирене

(Готов за около 3 часа | За 8 порции)

съставки

- •1 супена лъжица разтопено масло

- •8 унции сирене грюер, настъргано

- •8 унции крема сирене, настъргано

- •8 филийки хляб

- •2 чаши мляко

- •4 яйца

- •Сол на вкус

- •1/2 чаена лъжичка сух босилек

- •1/4 чаена лъжичка червен пипер

- •нарязан пресен див лук, за гарнитура

Адреси

1.Намажете глинен съд с масло.

2.В купа смесете сирената; резервация.

3.Нарежете филиите хляб на парчета; прехвърлете в гърне. Сложете с лъжица сместа със сирене върху слоя хляб. Редувайте слоеве, завършвайки с хляба.

4.В малка купа за смесване разбийте заедно останалите съставки, с изключение на лука. Изсипете върху слоевете в глинения съд.

5.Сложете тенджерата на слаб огън и гответе 3 часа. Сервирайте гарнирано с пресен див лук и се насладете!

френски сандвичи

(Готов за около 2 часа | Сервира 12)

съставки

- 1 чаша нарязан праз

- 1 печено телешко с кръгло дъно

- 1 чаша вода

- 1/2 чаша сухо червено вино

- 1 плик със смес от сос

- Сол на вкус

- 1/4 чаена лъжичка прясно смлян черен пипер

- 1/4 чаена лъжичка натрошени люспи от червен пипер

- Френски хляб

Адреси

1. Наредете дъното на глинения съд с праза.

2. Добавете печеното в глинения съд върху праза.

3. След това добавете останалите съставки, с изключение на хляба; отдушете капак и гответе на слаб огън за 2 часа.

4. Нарежете печеното на тънки филийки. Сервирайте върху френски хляб. Използвайте соса за потапяне.

Пита с наденица и кисело зеле

(Готов за около 2 часа и 30 минути | За 6 порции)

съставки

- •2 супени лъжици зехтин

- •2 килограма кисело зеле, отцедено

- •1 голяма ябълка, почистена и нарязана

- •1 чаена лъжичка смлян кимион

- •1 чаена лъжичка семена от целина

- •6 наденички

- •1⁄2 чаша сухо бяло вино

- •2 дафинови листа

- •5-6 зърна черен пипер

- •1 супена лъжица горчица

- •6 пита питки

Адреси

1.Загрейте зехтина в тежък тиган на среден огън. Запържете киселото зеле и ябълката, докато киселото зеле омекне и течностите намалеят. Добавете кимион и семена от целина и внимателно разбъркайте, за да се комбинират.

2.В отделен незалепващ тиган, кафяви колбаси от всички страни на среден огън; да източа. Налейте бялото вино; добавете дафинови листа и черен пипер; гответе още 10 минути.

3.За приготвяне на сандвичите: Оваляйте колбасите и киселото зеле в питата. Добавете горчицата и увийте сандвичите в алуминиево фолио. Налейте вода, колкото да покрие дъното на глинения съд.

4.Поставете сандвичите в глинения съд. Загрейте на висока температура за около 2 часа.

Зимна романтична вечеря

(Готов за около 2 часа и 20 минути | За 6 порции)

съставки

- 6 пикантни наденички

- 6 дълги квасени кифлички

- 2 супени лъжици горчица

- 2 супени лъжици доматен сос

- 6 резени корнишони

Адреси

1. Загрейте незалепващ тиган на среден огън. След това задушете колбасите, докато се сварят и станат златисто кафяви; да източа.

2. След това отрежете краищата на кифличките с квас. Пригответе сандвичи с наденица и горчица.

3. След това увийте сандвичите в алуминиево фолио; поставете върху подложка в глинения съд. След това трябва да излеете топла вода около основата на подложката.

4. Покрийте с капак и загрейте на силен огън за 2 часа. Сервирайте с доматен сос и кисели краставички.

Обилни сандвичи с наденица

(Готов за около 6 часа | За 6 порции)

съставки

- •8 връзки пресен колбас

- •1 чаша телешки бульон

- •4 чаши сос за спагети

- •1 нарязан чили

- •1 червена чушка, нарязана на филийки

- •1 зелена чушка, нарязана

- •1 чаша нарязан див лук

- •1 супена лъжица пресен магданоз

- •1 препълнена супена лъжица пресен кориандър

- •6 коктейлни кифлички, разделени по дължина

Адреси

1.В глинен съд поставете колбасите, телешкия бульон, соса за спагети, лютия червен пипер, чушките и лука. Добавете магданоза и кориандъра. Разбъркайте, за да се комбинират.

2.Покрийте с капак; гответе на ниска температура за 6 часа. Сервирайте върху коктейлни рула и се насладете!

Селски пушени колбаси

(Готов за около 6 часа | За 6 порции)

съставки

- 1 супена лъжица екстра върджин зехтин

- 6 глави зелен лук, нарязани на филийки

- 1 жълта чушка, нарязана

- 1 червена чушка, нарязана на филийки

- 4 скилидки чесън, счукани

- 2 килограма пушена наденица

- 1 (28-унция) консерва домати, нарязани на кубчета

- 1 чаена лъжичка сол

- 1/2 чаена лъжичка смлян черен пипер

- 1/2 чаена лъжичка счукан червен пипер на люспи

- горчица за украса

Адреси

1.В голям тиган загрейте зехтина на среден огън. Запържете лука, чушките, чесъна и наденицата, докато зеленчуците омекнат и наденичките леко покафенеят. Прехвърлете в глинения съд.

2.Добавете доматите, солта, черния и червения пипер.

3.Гответе на слаб огън около 6 часа. Сервирайте с любимата си горчица.

Телешко тако, което трябва да ядете

(Готов за около 8 часа | За 6 порции)

съставки

- 1 ½ паунда говеждо печено, без кости

- 1 голяма глава червен лук, нарязан

- 1 чаша телешки бульон

- 1 буркан (16 унции) тако сос

- 12 черупки тако

- 2 краставици, нарязани на тънко

- 2 зрели домата, нарязани

Адреси

1.Поставете говеждо печено и нарязан лук в глинен съд. Налейте телешки бульон и тако сос.

2.Гответе на НИСКО за 8 часа или цяла нощ.

3.На сутринта нарежете месото на ивици.

4.Напълнете черупките на тако с настъргано месо; добавете краставица и домат и сервирайте!

Овесени ядки със сливи и кайсии

(Готов за около 8 часа | За 4 порции)

съставки

- 1 чаша овесени ядки

- 4 ½ чаши вода

- 1/2 чаена лъжичка настърган джинджифил

- 1/2 чаена лъжичка бахар

- 1/2 чаена лъжичка смляна канела

- 1/2 чаена лъжичка сол

- 3 супени лъжици масло

- 1/2 чаша сини сливи

- 1/2 чаша сушени кайсии

- Кленов сироп, на вкус

Адреси

1.Поставете всички съставки в глинен съд.

2.Покрийте и оставете да къкри около 8 часа.

3.Сервирайте с мляко и малко допълнителни плодове, ако желаете.

Мюсли с кокос и фъстъци

(Готов за около 2 часа | Сервира 12)

съставки

- •4 чаши валцувани овесени ядки

- •4 чаши вода

- •1 чаена лъжичка бахар

- •1/4 чаена лъжичка куркума

- •1 чаша пшеничен зародиш

- •1 чаша натурални трици за печене

- •1⁄2 чаша настърган кокос, неподсладен

- •1⁄2 чаша кафява захар

- •4 супени лъжици разтопено масло

- •1 чаена лъжичка екстракт от бадем

- •2 супени лъжици тиквени семки

- •Фъстъци за украса

Адреси

1.Добавете всички съставки с изключение на фъстъците във вашия глинен съд.

2.Покрийте с капак; гответе на силен огън около 2 часа, като разбърквате два пъти. Разпределете в 12 купички за сервиране, разпръснете нарязани фъстъци отгоре и сервирайте!

Сандвичи със стек със сирене

(Готов за около 8 часа | За 8 порции)

съставки

- 1 фунт кръгла пържола, тънко нарязана

- 1 чаша нарязан лук

- 1 зелена чушка, нарязана

- 1 чаша телешки бульон

- 1 смляна скилидка чесън

- 2 супени лъжици сухо червено вино

- 1 супена лъжица сос Worcestershire

- 1 чаена лъжичка семена от целина

- 1/2 чаена лъжичка сол

- 1/4 чаена лъжичка смлян черен пипер

- 8 кифли за хамбургер

- 1 чаша сирене моцарела, настъргано

Адреси

1.Комбинирайте всички съставки, с изключение на кифличките и сиренето, във вашия глинен съд.

2.Покрийте и гответе на слаб огън за 6 до 8 часа.

3.Направете сандвичи с кифлички, готов месен микс и сирене. Сервирайте горещо и се насладете!

Бирени питки с гъби и лук

(Готов за около 8 часа | За 8 порции)

съставки

- •8 пресни колбаса

- •2 (12 унции) 3 бутилки бира

- •1 чаша гъби, нарязани

- •2-3 скилидки чесън, смлени

- •1 глава червен лук, нарязан на шайби

- •1 червена чушка, нарязана на филийки

- •1 чаена лъжичка морска сол

- •1/4 чаена лъжичка смлян черен пипер

- •1 чаена лъжичка нарязан поблано чили

- •8 кифли с хот дог

Адреси

1.Комбинирайте всички съставки, с изключение на кифлите, в глинен съд.

2.Гответе, покрити, на слаб огън за 6 до 8 часа.

3.Сервирайте варени колбаси и зеленчуци върху кифлички. Добавете горчица, кетчуп и заквасена сметана, ако желаете.

Вкусни сандвичи с наденица и кисело зеле

(Готов за около 8 часа | За 6 порции)

съставки

- 6 пресни колбаса по избор

- 1 среден лук, нарязан

- 1 чаша кисело зеле

- 1 малка ябълка, обелена, почистена от сърцевината и нарязана на тънко

- 1 чаена лъжичка семена от кимион

- 1/2 чаша пилешки бульон

- Сол на вкус

- 1/2 чаена лъжичка смлян черен пипер

- 6 кифли с хот дог

- Доматен сос за украса

- горчица за украса

Адреси

1.Поставете колбасите в глинен съд. След това добавете лука, киселото зеле, ябълката, кимиона, пилешкия бульон, солта и черния пипер.

2.Гответе, покрити, на слаб огън за 6 до 8 часа.

3.Пригответе сандвичи с рула и ги поднесете с кетчуп и горчица.

Коледна запеканка с наденица

(Готов за около 8 часа | За 8 порции)

съставки

- Незалепващ спрей за готвене с аромат на масло

- 1 пакет (26 унции) замразени кафяви каши, размразени

- 1 тиквичка, нарязана на ситно

- 1 чаша пълномаслено мляко

- 10 разбити яйца

- 1 чаена лъжичка морска сол

- 1/4 чаена лъжичка натрошени люспи от червен пипер

- 1/4 чаена лъжичка смлян черен пипер

- 1 чаена лъжичка семена от кимион

- 1 супена лъжица смляна горчица

- 2 чаши колбаси

- 2 чаши сирене чедър, настъргано

Адреси

1.Намажете глинен съд с незалепващ спрей за готвене. Разстелете кафявото, за да покриете дъното на глинения съд. След това наредете филийки тиквички.

2.В средно голяма купа разбийте заедно млякото, яйцата, солта, червения пипер, черния пипер, семената от кимион и смляната горчица.

3.Загрейте чугунен тиган на среден огън. След това гответе колбасите, докато покафенеят и станат на трохи, около 6 минути; изхвърлете мазнината.

4.Подредете наденицата върху слоя от тиквички, след което намажете със сирене чедър. Изсипете сместа от яйца и мляко върху слоя сирене.

5.Гответе на слаб огън за 6 до 8 часа. Сервирайте горещ с малко горчица.

Запеканка с колбаси за една нощ

(Готов за около 8 часа | За 12 порции)

съставки

- 1 ½ чаши пикантен колбас

- 1 глава червен лук нарязан

- 2 счукани скилидки чесън

- 1 сладка чушка, нарязана на ситно

- 1 чушка халапеньо

- 1/4 чаша пресен магданоз

- 1 препълнена супена лъжица пресен кориандър

- 1 пакет (30 унции) картофи, нарязани, настъргани и размразени

- 1 1/2 чаши пикантно сирене, настъргано

- 1 чаша мляко

- 12 яйца

- 1 чаена лъжичка суха горчица

- 1 чаена лъжичка семена от целина

- 1/2 чаена лъжичка сол

- 1/8 чаена лъжичка черен пипер

- 1/4 чаена лъжичка кайенски пипер

Адреси

1.В среден тиган с незалепващо покритие на среден огън гответе наденица; източване и резервиране.

2.В средна купа смесете лука, чесъна, чушката, чушката халапеньо, магданоза и кориандъра. Разбъркайте добре, за да се комбинират.

3.редуващи се слоеве. Поставете 1/3 от брауна, наденицата, сместа от лук и сиренето в глинения съд. По същия начин повторете слоевете два пъти.

4.В отделна купа разбийте останалите съставки. Изсипете тази смес в глинения съд, като разпределите равномерно.

5.Покрийте и гответе на слаб огън около 8 часа или цяла нощ. Сервирайте горещ.

Сандвичи със свинско изгрев

(Готов за около 8 часа | За 12 порции)

съставки

- •1 средно печено свинско месо

- •1/4 чаена лъжичка черен пипер

- •1/4 чаена лъжичка натрошени люспи от червен пипер

- •1 чаена лъжичка морска сол

- •1 чаена лъжичка сушена мащерка

- •1 супена лъжица течен аромат на пушек

- •12 геврекчета

Адреси

1.Надупчете свинското с вилица за най-добро бавно готвене.

2.Овкусете с подправките, след което намажете свинското печено с течния дим.

3.Поставете свинското печено в глинен съд.

4.Покрийте и гответе на ниска температура за 8 до 10 часа, като обърнете веднъж или два пъти.

5.Свареното свинско печено се настъргва, като се добавя мазнина за овлажняване. Направете сандвичи с гевречета и се насладете!

Сандвичи с дърпано свинско с бира

(Готов за около 10 часа | За 16 порции)

съставки

- •1 средно печено свинско месо

- •1 голяма глава лук, нарязана

- •3 скилидки чесън, счукани

- •2 моркова, нарязани на ситно

- •1/2 чаена лъжичка смлян черен пипер

- •1/2 чаена лъжичка кайенски пипер

- •1 чаена лъжичка морска сол

- •1 чаена лъжичка смлян черен пипер

- •1 чаена лъжичка кимион на прах

- •1 кутия бира (12 течни унции)

- •1 чаша барбекю сос

Адреси

1.Надупчете свинското месо с вилица.

2.Поставете всички съставки, с изключение на соса за барбекю, в глинен съд.

3.Поставете гърнето на силен огън; варете 1 час. След това намалете котлона до минимум и гответе още 6 до 8 часа.

4.Нарежете свареното свинско месо и го върнете в тенджерата. Добавете барбекю соса и гответе още 1 час.

5.Сервирайте върху любимите си кифлички за бургери и се насладете!

Ябълковият хрупкав на мама

(Готов за около 3 часа | За 6 порции)

съставки

- 2/3 чаша старомоден овес

- 2/3 чаша кафява захар, пакетирана

- 2/3 чаша универсално брашно

- 1 чаена лъжичка бахар

- 1 чаена лъжичка канела

- 1/2 чаша масло

- 5-6 кисели ябълки, почистени и нарязани

Адреси

1.В средна купа комбинирайте първите шест съставки. Разбъркайте, докато всичко се смеси добре.

2.Поставете нарязаните ябълки в глинения съд.

3.Поръсете овесената смес върху ябълките в тенджерата.

4.Покрийте глинения съд с три хартиени кърпи. Поставете глинения съд на силен огън и гответе за около 3 часа.

Вегетарианска киноа със спанак

(Готов за около 3 часа | За 4 порции)

съставки

- 2 супени лъжици зехтин

- 3/4 чаша нарязан див лук

- 1 чаша спанак

- 2 смлени скилидки чесън

- 1 чаша киноа, изплакната

- 2 ½ чаши зеленчуков бульон

- 1 чаша вода

- 1 супена лъжица пресен босилек

- 1 супена лъжица пресен кориандър

- 1/4 чаена лъжичка смлян черен пипер

- Сол на вкус

- 1/3 чаша пармезан

Адреси

1.В тенджера загрейте зехтина на средно силен огън. Задушете дивия лук, спанака и чесъна, докато омекнат и станат ароматни. Прехвърлете в глинен съд.

2.Добавете останалите съставки, с изключение на сиренето, и покрийте с капак.

3.Гответе на НИСКО за около 3 часа.

4.Добавете пармезан, опитайте и коригирайте подправките; присъстват!

Лесна киноа със сирене и зеленчуци

(Готов за около 3 часа | За 4 порции)

съставки

- 2 супени лъжици разтопен маргарин

- 1 среден лук, нарязан

- 1 смляна скилидка чесън

- 1 чаша гъби, нарязани

- 1 сладка червена чушка

- 1 чаша киноа, изплакната

- 2 чаши зеленчуков бульон

- 1 ½ чаша вода

- 1 супена лъжица пресен магданоз

- 1 препълнена супена лъжица пресен кориандър

- 1/4 чаена лъжичка натрошени люспи от червен пипер

- Щипка смлян черен пипер

- Сол на вкус

144

•1/3 чаша пармезан

Адреси

1. В среден тиган загрейте маргарина на среден огън.

2. Запържете лука, чесъна, гъбите и червения пипер в сгорещен маргарин за около 6 минути или докато омекнат. Сменете глинен съд.

3. Добавете останалите съставки, с изключение на пармезана; Сложете тенджерата на слаб огън и гответе около 3 часа.

4. Добавете пармезан и се насладете на горещо!

Кейл Фритата с колбаси

(Готов за около 3 часа | За 6 порции)

съставки

- Незалепващ спрей за готвене

- 3/4 чаша зеле

- 1 сладка червена чушка, нарязана

- 1 сладка зелена чушка, нарязана

- 1 среден червен лук, нарязан

- 8 разбити яйца

- 1/2 чаена лъжичка смлян черен пипер

- 1 чаена лъжичка сол

- 1 1/3 чаша колбаси

Адреси

1.Комбинирайте всички съставки в добре намаслена глинен съд.

2.Оставете глинения съд да заври и гответе, докато фритатата е готова или около 3 часа.

3.Можете да претоплите тази фритата в микровълновата за 60 секунди.

Вкусна фритата през уикенда

(Готов за около 3 часа | За 6 порции)

съставки

- Незалепващ спрей за готвене

- 1 1/3 чаша варена шунка

- 1 червена чушка, нарязана на филийки

- 1 сладка зелена чушка, нарязана

- 1 глава пресен лук, нарязан

- 8 разбити яйца

- 1 супена лъжица босилек

- 1 препълнена супена лъжица пресен кориандър

- 1 супена лъжица пресен магданоз

- 1 чаена лъжичка сол

- 1/4 чаена лъжичка смлян черен пипер

- 1/4 чаена лъжичка кайенски пипер

- няколко капки сос табаско

Адреси

1.Намажете глинен съд с незалепващ спрей за готвене. Комбинирайте всички съставки в глинения съд.

2.Сложете глинения съд на слаб огън и гответе вашата фритата около 3 часа.

3.Разпределете между шест чинии за сервиране и поръсете с нарязан див лук, ако желаете; украсете със сметана и сервирайте!

Вегетарианска закуска

(Готов за около 4 часа | За 4 порции)

съставки

- 2 супени лъжици рапично масло

- 1 чаша нарязан див лук

- 1 смляна скилидка чесън

- 2 средни моркова, нарязани на ситно

- 1 стрък целина нарязан

- 1 чаша киноа, изплакната

- 2 чаши зеленчуков бульон

- 1 ½ чаша вода

- 1 супена лъжица пресен кориандър

- Щипка смлян черен пипер

- 1/4 чаена лъжичка сушена мащерка

- 1/4 чаена лъжичка сух копър

- Сол на вкус

•1/3 чаша пармезан

Адреси

1. В среден тиган загрейте маслото от канола на среден огън.

2. Задушете дивия лук, чесъна, морковите и целината за около 5 минути или докато зеленчуците омекнат. Прехвърлете зеленчуците в глинен съд.

3. Добавете киноа, зеленчуков бульон, вода, кориандър, черен пипер, суха мащерка, копър и сол на вкус.

4. Покрийте и гответе на НИСКО около 4 часа.

5. Поръсете пармезан отгоре и сервирайте горещо!

Фритата с бекон с високо съдържание на протеини

(Готов за около 4 часа | За 6 порции)

съставки

- Незалепващ спрей за готвене

- 1 чаша див лук, нарязан

- 1 1/3 чаша бекон

- 1 чаша гъби, нарязани

- 1 поблано чили, нарязан

- 10 разбити яйца

- 1 препълнена супена лъжица пресен кориандър

- 1 чаена лъжичка сол

- 1/4 чаена лъжичка смлян черен пипер

- 1/4 чаена лъжичка натрошени люспи от червен пипер

Адреси

1.Комбинирайте всички съставки в намазнена глинен съд.

2.След това поставете глинен съд на слаб огън; покрийте и гответе фритата за 3 до 4 часа.

3.Нарежете на шест парчета, украсете с горчица и сервирайте.

Омлет с гъби и чили

(Готов за около 4 часа | За 4 порции)

съставки

- Незалепващ спрей за готвене

- 1 глава зелен лук, нарязан

- 2 смлени скилидки чесън

- 2 чаши гъби, нарязани

- 1 люта чушка, нарязана

- 2 зрели домата, нарязани

- 8 разбити яйца

- 1 супена лъжица пресен кориандър

- 1 чаена лъжичка сол

- 1/4 чаена лъжичка смлян черен пипер

- 1/4 чаена лъжичка кайенски пипер

Адреси

1.Във вашия глинен съд поставете всички съставки.

2.Покрийте с капак; оставете да къкри 3 до 4 часа.

3.Нарежете на филийки и сервирайте топли със заквасена сметана и доматен сос.

Овесени ядки с банан и пекан

(Готов за около 8 часа | За 4 порции)

съставки

- 2 чаши вода

- 2 зрели банана

- 1 чаша овесени ядки

- 1/4 чаша орехи, едро смлени

- 2 чаши соево мляко

- 1/2 чаена лъжичка канела

- 1 чаена лъжичка чист бадемов екстракт

- Шипка сол

- мед на вкус

Адреси

1.Налейте вода във вашия глинен съд. Използвайте подходяща за фурна купа (тук става стъклен гювеч) и я поставете във вашия глинен съд.

2.Намачкайте живовляка с вилица или го пасирайте в блендер. Прехвърлете в подходяща за фурна купа.

3.Добавете останалите съставки в купата.

4.Гответе на слаб огън една нощ или 8 часа.

5.Разбъркайте добре преди сервиране и добавете съставки по ваш избор. Наслади се!

Сърдечни овесени ядки с орехи

(Готов за около 8 часа | За 4 порции)

съставки

- 1 голям зрял банан

- 1 чаша овесени ядки

- 1/4 чаша орехи, едро смлени

- 2 супени лъжици семена от чиа

- 1 супена лъжица конопено семе

- 2 чаши мляко

- 1/4 чаена лъжичка настъргано индийско орехче

- 1/2 чаена лъжичка кардамон

- 1/2 чаена лъжичка канела

- 1 чаена лъжичка чист екстракт от ванилия

- 2 чаши вода

- Кленов сироп за украса

- пресни плодове за украса

Адреси

1.Намачкайте банана с вилица. Добавете пюре от банан в тава за печене. Добавете останалите съставки.

2.Налейте вода в глинен съд.

3.Поставете съда за печене в глинения съд. Гответе на слаб огън една нощ или 8 часа. Отгоре намажете с кленов сироп и пресни плодове.

Фритата от домати и артишок

(Готов за около 2 часа | За 4 порции)

съставки

- Незалепващ спрей за готвене

- 6 големи яйца, разбити

- 1 чаша нарязани сърца от артишок

- 1 среден домат, нарязан

- 1 червена чушка нарязана

- 1 чаена лъжичка лук на прах

- 1 чаена лъжичка чесън на прах

- 1/4 чаена лъжичка смлян черен пипер

- 1/4 чаена лъжичка кайенски пипер

- 1/4 чаша настъргано швейцарско сирене

Адреси

1. Покрийте глинен съд със спрей за готвене.

2. Добавете всички съставки в глинения съд.

3. Покрийте с капак и гответе на тих огън около 2 часа.

4. Поръсете със сирене; оставете да престои няколко минути, докато сиренето се разтопи.

Запеканка с омлет с колбаси и гъби

(Готов за около 3 часа | За 4 порции)

съставки

- •1 килограм наденица от пилешки гърди, нарязани на филийки

- •1 чаша нарязан див лук

- •1 чаша гъби, нарязани

- •4 средни яйца

- •1 чаша пълномаслено мляко

- •1 чаена лъжичка морска сол

- •1/4 чаена лъжичка смлян черен пипер

- •1/2 чаена лъжичка суха горчица

- •1/2 чаена лъжичка гранулиран чесън

- •1/2 чаша настъргано швейцарско сирене

Адреси

1.Поставете наденицата в глинен съд. След това върху наденичките наредете лука и гъбите.

2.В купа се смесват яйцата, млякото и подправките. Разбийте, за да комбинирате.

3.Варете на тих огън около 3 часа. След това разпределете сиренето отгоре и го оставете да се разтопи.

4.Сервирайте горещ с майонеза и горчица.

Тиквен пай Стоманени овесени ядки

(Готов за около 8 часа | За 4 порции)

съставки

- 1 чаша овесени ядки

- 3 чаши вода

- 1/4 чаена лъжичка смляна канела

- 1 чаша пюре от тиква

- 1 чаена лъжичка ванилов екстракт

- Шипка сол

- 1 супена лъжица подправка за тиквен пай

- 1/2 чаша кленов сироп

Адреси

1.Комбинирайте всички съставки във вашия глинен съд.

2.Покрийте и гответе на слаб огън за една нощ или за 8 часа.

3.Сервирайте горещ със стафиди или фурми по желание!

Овесени ядки с какао

съставки

- 3 ½ чаши вода

- 1 чаша овесени ядки

- 1/4 чаена лъжичка настъргано индийско орехче

- 1/2 чаена лъжичка смляна канела

- 3 супени лъжици неподсладено какао на прах

- Шипка сол

- 1/2 чаена лъжичка чист екстракт от ванилия

- 1/2 чаена лъжичка чист екстракт от лешник

Адреси

1.Добавете всички съставки към вашия глинен съд.

2.Гответе на слаб огън една нощ или 8 часа.

3.Разбъркайте преди сервиране и добавете естествен подсладител, ако желаете.

Овесени ядки с орехи и тиква с боровинки

(Готов за около 9 часа | За 4 порции)

съставки

- 1 чаша овесени ядки

- 3 чаши вода

- 1 чаша пълномаслено мляко

- Шипка сол

- 1 супена лъжица подправка за тиквен пай

- 1/2 чаена лъжичка кардамон

- 1/4 чаша пюре от тиква

- 2 супени лъжици мед

- 1/2 чаша сушени боровинки

- 1/2 чаша едро нарязани бадеми

Адреси

1.В глинен съд поставете нарязаните на стомана овесени ядки, вода, мляко, сол, подправка за тиквен пай, пюре от кардамон и мед.

2.Гответе за една нощ или за 8 до 9 часа.

3.Разпределете между купи за сервиране; поръсете със сушени боровинки и бадеми; присъстват.

Овесени ядки с какао и банани

(Готов за около 8 часа | За 4 порции)

съставки

- •3 чаши вода

- •1 чаша мляко

- •1 чаша овесени ядки

- •1/2 чаена лъжичка смляна канела

- •1 банан, пасиран

- •4 супени лъжици неподсладено какао на прах

- •1/2 чаена лъжичка чист екстракт от ванилия

- •1 нарязан банан

- •Счукани орехи за украса

Адреси

1.Налейте вода и мляко в глинен съд. След това наслоете овесените ядки, канелата, банановото пюре, какаото на прах и ванилията.

2.Сложете глинения съд на слаб огън и гответе за една нощ или 8 часа.

3.Разбъркайте преди сервиране; разпределете между купи за сервиране; украсете с банан и ядки и се насладете.

Киш с шунка и сирене

(Готов за около 2 часа | За 4 порции)

съставки

- Незалепващ спрей за готвене с аромат на масло

- 4 филийки препечен пълнозърнест хляб

- 2 чаши настъргано пикантно сирене

- 1/2 килограм шунка, сварена и нарязана на кубчета с размер на хапка

- 6 големи яйца

- 1/2 чаена лъжичка дижонска горчица

- 1 чаша тежка сметана

- 1/4 чаена лъжичка куркума на прах

- 1 супена лъжица едро нарязан пресен магданоз

- 1/2 чаена лъжичка морска сол

- 1/4 чаена лъжичка счукан червен пипер

- 1/4 чаена лъжичка прясно смлян черен пипер

Адреси

1.Щедро намажете вътрешността на глинен съд с незалепващ спрей за готвене.

2.Намажете всяка препечена филия хляб с незалепващ спрей за готвене; натрошете намазнения хляб на парчета; поставете в глинен съд.

3.Разстелете половината от пикантното сирене върху тоста, а след това върху сиренето наредете парчетата варена шунка; отгоре с останалото сирене.

4.В средна купа или мерителна чаша разбийте яйцата заедно с останалите съставки; Изсипете тази смес в глинения съд.

5.Покрийте и гответе на силен огън за 2 часа. Сервирайте горещ с майонеза или заквасена сметана по желание.

Закуска със селска наденица и карфиол

(Готов за около 6 часа | За 8 порции)

съставки

- 1 килограм наденица

- незалепващ спрей

- 1 чаша кондензиран картофен крем

- 1 чаша пълномаслено мляко

- 1 чаена лъжичка суха горчица

- Сол на вкус

- 1/2 чаена лъжичка прясно смлян черен пипер

- 1 супена лъжица пресен босилек или 1 чаена лъжичка сух босилек

- 1 пакет (28 унции) замразени кафяви каши, размразени

- 1 чаша карфиол, нарязан на цветчета

- 1 чаша нарязани моркови

- 1/2 чаша сирене чедър, настъргано

Адреси

1.В чугунен тиган запържете наденицата; нарежете на хапки.

2.Покрийте вътрешността на глинения съд с незалепващ спрей. Добавете всички съставки с изключение на сиренето чедър; разбъркайте внимателно, за да се комбинират.

3.Покрийте с капак и гответе около 6 часа на тих огън. Отгоре се разпределя сирене чедър. Оставете да почине за 30 минути преди сервиране.

Запеканка с колбаси от броколи

(Готов за около 6 часа | За 6 порции)

съставки

- •2 супени лъжици зехтин

- •3/4 килограма наденица

- •1 чаша телешки бульон

- •1 чаша мляко

- •1 чаена лъжичка суха горчица

- •1/4 чаена лъжичка кайенски пипер

- •1/2 чаена лъжичка черен пипер

- •2 паунда замразени каша, размразени

- •1 чаша броколи, нарязани на розички

- •1 чаша нарязани моркови

- •1/2 чаша сирене чедър, настъргано

Адреси

1.Намажете вътрешността на глинения съд със зехтин.

2.В средна тенджера, на средно силен огън, гответе колбасите, докато престанат да порозовяват или около 10 минути. Прехвърлете наденицата в намазнения глинен съд.

3.Добавете бульон, мляко, горчица, лют червен пипер, черен пипер, брашно, броколи и моркови. Гответе на слаб огън за 6 часа.

4.След това поръсете отгоре настърган кашкавал и оставете да се разтопи.

5.Сервирайте горещ с любимата си майонеза и малко допълнително количество горчица.

Зимна сутрешна наденица и зеленчуци

(Готов за около 6 часа | За 6 порции)

съставки

- незалепващ спрей

- 3/4 килограма пикантна наденица

- 1 голяма глава лук

- 1 сладка зелена чушка

- 1 сладка червена чушка, нарязана

- 1 чаша пълномаслено мляко

- 1 чаша зеленчуков или месен бульон

- 1/2 чаена лъжичка чили на прах

- 1/2 чаена лъжичка черен пипер

- морска сол на вкус

- 2 паунда замразени каша, размразени

- 1/2 чаша сирене чедър, настъргано

Адреси

1. Намажете вътрешността на вашия глинен съд с незалепващ спрей.

2. В среден тиган гответе наденицата около 10 минути, докато покафенее. Сменете глинения съд.

3. Добавете останалите съставки с изключение на сиренето чедър.

4. Сложете тенджерата на слаб огън и гответе около 6 часа.

5. Отгоре се разпределя сирене чедър. Сервирайте горещ!

Яйца по флорентински със стриди

(Готов за около 2 часа | За 4 порции)

съставки

- незалепващ спрей

- 2 чаши сирене Monterey Jack, настъргано

- 1 чаша манголд

- 1 чаша гъби стриди, нарязани

- 2-3 скилидки чесън, счукани

- 1 малка глава лук, обелена и нарязана на кубчета

- 5 големи яйца

- 1 чаша лек крем

- Сол на вкус

- 1/4 чаена лъжичка смлян черен пипер

Адреси

1.Третирайте вътрешността на глинения съд с незалепващ спрей. Разпределете 1 чаша сирене Monterey Jack върху дъното на глинен съд.

2.След това сложете спанака върху сиренето.

3.След това добавете гъбата стриди на един слой. Отгоре гъбения слой с чесъна и лука.

4.В мерителна чаша или купа разбийте яйцата с останалите съставки. Изсипете тази смес върху слоевете в глинения съд.

5.Отгоре поръсете с останалата 1 чаша сирене.

6.Поставете глинения съд на силен огън, покрийте с капак и гответе 2 часа.

Запеканка със сирене и манголд

(Готов за около 4 часа | За 4 порции)

съставки

- Незалепващ спрей за готвене с аромат на масло

- 4 големи яйца

- 1 чаша извара

- 3 супени лъжици универсално брашно

- 1 супена лъжица пресен кориандър

- 1/2 чаена лъжичка морска сол

- 1/4 чаена лъжичка прясно смлян черен пипер

- 1/2 чаена лъжичка сушена мащерка

- 1/2 чаена лъжичка сода бикарбонат

- 2 супени лъжици разтопено масло

- 1 чаша настъргано пикантно сирене

- 1 чаша див лук, нарязан на ситно

- 1 чаша манголд

Адреси

1.Покрийте топлоустойчива тенджера със спрей за готвене. Налейте 2 чаши вода в тенджерата.

2.Добавете яйцата и разбийте до пяна. След това добавете изварата.

3.Добавете брашното, кориандъра, морската сол, черния пипер, мащерката, содата и маслото. Разбъркайте добре, докато всичко се смеси добре.

4.След това добавете останалите съставки; регулирайте подправките.

5.Поставете топлоустойчивата тенджера върху решетката за готвене в глинен съд; покрийте с подходящ капак и оставете да къкри около 4 часа.

6.Оставете да се охлади до стайна температура преди сервиране и се насладете!

Бананова фритата с орехи

(Готов за около 18 часа | За 6 порции)

съставки

- 1 супена лъжица рапично масло

- 1 хляб, нарязан на кубчета

- 1 чаша крема сирене

- 2 зрели банана

- 1 чаша едро нарязани бадеми

- 10 големи яйца

- 1/4 чаша кленов сироп

- 1 чаша половин и половина

- Шипка сол

Адреси

1.Намажете вътрешността на вашия глинен съд с масло от канола.

2.Поставете 1/2 от кубчетата хляб на дъното на глинения съд. След това разпределете равномерно половината от крема сиренето.

3.Върху крема сиренето се нареждат резените от 1 банан. След това се разпределят половината от филираните бадеми.

4.Повторете слоевете още веднъж.

5.В купа или мерителна чаша разбийте яйцата с кленовия сироп, половината и половината, и солта; изсипете върху слоевете в глинения съд.

6.Оставете в хладилника за поне 12 часа. След това покрийте и гответе на слаб огън за 6 часа. Сервирайте с няколко допълнителни живовляка, ако желаете.

Вкусна тиквена фритата с подправки

(Готов за около 6 часа | За 6 порции)

съставки

- •2 супени лъжици разтопено кокосово масло

- •1 хляб, нарязан на малки кубчета

- •1 чаша крема сирене

- •1 чаша настъргана тиква

- •2 нарязани банана

- •1 чаша орехи, едро смлени

- •8 яйца

- •1 чаша половин и половина

- •2 супени лъжици суров мед

- •1/2 чаена лъжичка смляна канела

- •1/4 чаена лъжичка настърган кардамон

- •1/2 чаена лъжичка бахар

- •1 чаена лъжичка подправка за тиква

•Пудра захар за украса

Адреси

1.Намажете вътрешността на глинен съд с кокосово масло.

2.Поставете 1/2 хляб в тенджерата. След това сложете половината от крема сиренето.

3.След това разпределете равномерно 1/2 от настърганата тиква. Върху тиквата се нареждат резените от 1 банан. Върху живовляка се поръсват половината смлени орехи.

4.Повторете слоевете още веднъж.

5.В средно голяма купа разбийте яйцата с останалите съставки, с изключение на пудрата захар. Изсипете тази смес върху слоевете във вашия глинен съд.

6.Варете под капак 6 часа на слаб огън. Поръсете вашата фритата с пудра захар и сервирайте!

Овесена каша за натоварени сутрини

(Готов за около 8 часа | За 8 порции)

съставки

- 2 чаши овесени ядки

- 6 чаши вода

- 2 чаши мляко

- 1 супена лъжица чист портокалов сок

- 1 чаша сушени кайсии, нарязани

- 1 чаша нарязани фурми

- 1 чаша стафиди, нарязани

- 1/2 чаена лъжичка джинджифил

- 1 чаена лъжичка смляна канела

- 1/8 чаена лъжичка карамфил

- 1/4 чаша кленов сироп

- 1/2 шушулка ванилия

Адреси

1.Комбинирайте всички съставки в глинен съд.

2.Сложете тенджерата на слаб огън и я оставете за една нощ.

3.На сутринта разбъркайте готовата каша, като остържете стените и дъното. Сервирайте с остатъци от конфитюр или яйчен ликьор, ако желаете.

Семеен зимен качамак

(Готов за около 9 часа | За 8 порции)

съставки

- •7 чаши вода

- •2 чаши ирландски овесени ядки

- •1 чаена лъжичка лимонова кора

- •1 чаша стафиди

- •1 чаша сушени боровинки

- •1 чаша сушени череши

- •1 супена лъжица настърган кокос

- •1/2 чаена лъжичка джинджифил

- •1 чаена лъжичка бахар

- •1/8 чаена лъжичка настъргано индийско орехче

- •1/4 чаша мед

- •1/2 шушулка ванилия

Адреси

1.Поставете всички съставки в глинен съд; Сложете тенджерата на слаб огън.

2.Гответе за една нощ или за 8 до 9 часа.

3.Утре разбъркайте кашата и я разпределете в осем дълбоки чинии. Сервирайте с купчина бита сметана и препечени ядки, ако желаете.

Невероятна ябълкова овесена каша със сини сливи

(Готов за около 7 часа | За 8 порции)

съставки

- 2 чаши овесени ядки

- 1 чаша ябълков сок

- 5 чаши вода

- 1/2 чаша сушени ябълки

- 1/4 чаша сушени боровинки

- 1/4 чаша сини сливи

- 1/4 чаша кленов сироп

- 1 чаена лъжичка бахар

- Шипка сол

Адреси

1.Добавете всички съставки в глинен съд.

2.Поставете глинен съд на слаб огън; варете овесените ядки около 7 часа.

3.Сервирайте топли, гарнирани със сметана, ако желаете.

Тропически овесени ядки за една нощ

(Готов за около 8 часа | За 8 порции)

съставки

- •2 чаши ирландски овесени ядки

- •4 чаши вода

- •1 чаша ябълков сок

- •1 супена лъжица натурален портокалов сок

- •1⁄2 чаша сушена папая

- •1/2 чаша сушен ананас

- •1/4 чаша сушено манго

- •1/4 чаша кленов сироп

- •2 супени лъжици кокосови стърготини

- •Шипка сол

Адреси

1.Комбинирайте всички съставки във вашия глинен съд.

2.Покрийте с подходящ капак; оставете овесените ядки за една нощ или за 7 до 8 часа.

3.Сервирайте с мляко или купа бита сметана. Наслади се!

Английски мъфини с доматена гарнитура

(Готов за около 2 часа | Сервира 12)

съставки

- •2 супени лъжици растително масло

- •2 големи глави червен лук, наситнени

- •1 (28-унция) консерва смачкани домати

- •1 супена лъжица сос Уорчестър

- •1 чаена лъжичка лимонова кора

- •1 супена лъжица пресен кориандър

- •1 супена лъжица нарязан пресен босилек

- •1 чаена лъжичка морска сол

- •1/4 чаена лъжичка смлян черен пипер

- •1 чаша сирене моцарела

- •12 английски мъфина

Адреси

1.В средно голям тежък тиган загрейте растителното масло на средно висока температура. Намалете котлона и след това добавете лука. Запържете червения лук, докато омекне и стане прозрачен.

2.Прехвърлете в глинения съд. Добавете домати и сос Worcester. Гответе под капак на силен огън 1 час или докато сместа започне да бълбука по краищата.

3.Добавете останалите съставки, с изключение на английските мъфини, и гответе още 1 час. Сервирайте горещо с препечени английски мъфини.

Южен кремообразен грит

(Готов за около 8 часа | За 12 порции)

съставки

- 1 ½ чаши грис

- 1 супена лъжица масло

- 1/4 чаена лъжичка куркума на прах

- 4 чаши зеленчуков бульон

- 1/2 чаена лъжичка смлян черен пипер

- 1/2 чаена лъжичка фина морска сол

- 1/2 чаша пикантно сирене, настъргано

Адреси

1.Комбинирайте всички съставки, с изключение на сиренето, във вашия глинен съд.

2.Гответе на слаб огън 8 часа или цяла нощ.

3.Добавете сиренето към готовия гриз и се насладете. По желание може да сервирате с яйца и бекон.

Гризата на баба с пармезан

(Готов за около 9 часа | За 8 порции)

съставки

- •2 чаши зърна

- •1 супена лъжица масло

- •1 чаена лъжичка сол

- •1/2 чаена лъжичка черен пипер

- •1/2 чаена лъжичка бял пипер

- •1/4 чаша тежка сметана

- •1/2 чаша прясно настърган пармезан

Адреси

1.Добавете всички съставки, с изключение на тежката сметана и пармезана, във вашия глинен съд.

2.Гответе на слаб огън за 8 до 9 часа.

3.На сутринта добавете тежката сметана и пармезана; Сервирайте с любимия си топинг и се насладете!

Супер запеканка със зеленчуци и бекон

(Готов за около 2 часа | За 6 порции)

съставки

- 1 чаша настъргано нискомаслено пикантно сирене

- 1 чаша зелени листни зеленчуци (като спанак, зеле, манголд)

- 1/2 чаша бекон, нарязан

- 3 филийки хляб на кубчета

- 1 чаша гъби, нарязани

- 6 яйца

- 1/4 чаена лъжичка черен пипер

- 1/4 чаена лъжичка кайенски пипер

- 1/2 чаена лъжичка кошер сол

- 1 чаша кондензирано мляко

- 1 чаша зеленчуков бульон

- 1 среден лук

Адреси

1.Разстелете половината сирене на дъното на глинения съд. Отгоре покрийте със слой листни зеленчуци. След това поставете половината бекон.

2.Добавете кубчетата хляб и след това добавете гъбите.

3.Добавете останалия бекон и отгоре намажете с останалото сирене.

4.В мерителна чаша или купа смесете останалите съставки. Изсипете тази смес в глинения съд.

5.Гответе 2 часа на силен огън. Разпределете между шест чинии за сервиране и се насладете!

вкусни пшенични плодове

(Готов за около 10 часа | За 6 порции)

съставки

- 1 ½ чаши пшенични плодове

- 4 чаши вода

- 1/2 чаша сушени боровинки

- 1/2 шушулка ванилия

- Кафява захар за украса

Адреси

1. В глинен съд поставете пшеничните плодове, водата, сушените боровинки и ванилията.

2. Разбъркайте, за да се комбинират и гответе за 8 до 10 часа.

3. Разбъркайте преди сервиране, поръсете със захар и се насладете!

Многозърнеста зърнена закуска

(Готов за около 8 часа | За 6 порции)

съставки

- •1/2 чаша дългозърнест ориз

- •1/2 чаша пшенични плодове

- •1 чаша овесени ядки

- •1/2 чаена лъжичка кошер сол

- •4 чаши вода

- •Масло за украса

Адреси

1.В глинен съд сложете ориз, пшеничени зърна, овесени ядки, сол и вода.

2.Гответе под капак около 8 часа.

3.Разбъркайте преди сервиране, добавете масло и се насладете!

Зърнени храни с плодове и фъстъчено масло

(Готов за около 8 часа | За 6 порции)

съставки

- 1/2 чаша пшенични плодове

- 1 чаша овесени ядки в ирландски стил

- 1/2 чаша ориз басмати

- 1/4 чаша кафява захар

- 1/4 чаена лъжичка смляна канела

- 4 чаши вода

- 1 чаша ядки по избор

- Фъстъчено масло за украса

Адреси

1.Поставете пшеничните плодове, овесените ядки, ориза басмати, захарта, канелата и водата във вашия глинен съд; разбъркайте, за да се комбинират.

2.Гответе около 8 часа.

3.Разпределете между шест купички за сервиране; украсете с ядки и фъстъчено масло и сервирайте.

Спаначен киш със сирене

(Готов за около 3 часа | За 6 порции)

съставки

- Незалепващ спрей за готвене

- 4 яйца

- 1⁄2 чаша пикантно сирене, настъргано

- 3/4 чаша бейби спанак

- 2-3 скилидки чесън, смлени

- 1/4 чаша нарязан зелен лук

- 1/2 чаена лъжичка морска сол

- 1/2 чаена лъжичка черен пипер

- 1/2 чаена лъжичка кайенски пипер

- 1 ½ чаши кондензирано мляко

- 2 филийки пълнозърнест хляб, нарязан на кубчета

Адреси

1.Намажете леко глинения си съд със спрей за готвене.

2.В средна купа смесете яйцата, сиренето, спанака, чесъна, лука, солта, черния пипер, лютия червен пипер и изпареното мляко. Разбъркайте, докато всичко се смеси добре.

3.Поставете кубчетата хляб на дъното на глинения съд. Изсипете сместа от яйца и сирене върху кубчетата хляб.

4.Покрийте с капак; гответе около 3 часа на висока температура. Сервирайте горещ.

Супа от броколи и карфиол

(Готов за около 4 часа | За 6 порции)

съставки

- 1 чаша вода

- 2 чаши пилешки бульон с намален натрий

- 1 килограм карфиол, нарязан на цветчета

- 1 килограм броколи, нарязани на розички

- 1 глава жълт лук, нарязан на ситно

- 3 скилидки чесън, смлени

- 1 препълнена супена лъжица пресен босилек

- 1 супена лъжица пресен магданоз

- 1/2 чаша 2% мляко с намалена масленост

- Сол на вкус

- 1/4 чаена лъжичка бял пипер

- 1/4 чаена лъжичка черен пипер

- крутони по избор

Адреси

1.Поставете вода, бульон, карфиол, броколи, лук, чесън, босилек и магданоз в глинения съд.

2.Гответе на силен огън за 3 до 4 часа.

3.Прехвърлете супата в кухненския робот; добавете млякото и подправките и разбъркайте до хомогенност. Опитайте и коригирайте подправките; сервирайте с крутони.

Семейна супа от броколи и спанак

(Готов за около 4 часа | За 6 порции)

съставки

- 2 чаши вода

- 2 чаши зеленчуков бульон с намален натрий

- 1 килограм броколи, нарязани на розички

- 1 чаша нарязан зелен лук

- 3 скилидки чесън, смлени

- 1 препълнена супена лъжица пресен кориандър

- 1 супена лъжица пресен магданоз

- 2 чаши спанак

- Сол на вкус

- 1/4 чаена лъжичка черен пипер

Адреси

1.Комбинирайте водата, зеленчуковия бульон, броколите, зеления лук, чесъна, кориандъра и магданоза в глинен съд.

2.Гответе на силен огън 3 часа. Добавете спанака и подправките и гответе още 20 минути.

3.Изсипете супата в кухненския робот; обработвайте до гладкост.

4.Сервирайте студено или със стайна температура. Гарнирайте с купчина заквасена сметана и се насладете!

Вкусна крем супа от аспержи

(Готов за около 4 часа | За 6 порции)

съставки

- 2 чаши зеленчуков бульон

- 1 чаша вода

- 2 килограма аспержи, запазвайки върховете за украса

- 1 ситно нарязан лук

- 1 чаена лъжичка лимонова кора

- 2 смлени скилидки чесън

- 1 чаена лъжичка сух майорана

- 1 супена лъжица пресен магданоз

- 1/2 чаша пълномаслено мляко

- 1/4 чаена лъжичка бял пипер

- Сол на вкус

Адреси

1.Поставете бульон, вода, аспержи, лук, лимонова кора, чесън, майорана и магданоз в глинен съд.

2.Гответе на силен огън за 3 до 4 часа.

3.Междувременно задушете връхчетата на аспержите, докато станат хрупкави.

4.Изсипете супата в кухненски робот; добавете мляко, сол и бял пипер и разбъркайте до гладкост.

5.Гарнирайте с връхчета задушени аспержи и сервирайте на стайна температура. Можете също така да приберете супата си в хладилник и да я гарнирате студена.

Кремообразна картофена супа от карфиол

(Готов за около 4 часа | За 6 порции)

съставки

- 3 чаши бульон

- 1 чаша нарязан морков

- 3 ½ чаши картофи, нарязани на кубчета

- 3 чаши нарязан карфиол

- 4 малки праза, само белите части, нарязани

- 1 чаша мляко

- 2 супени лъжици царевично нишесте

- 1 чаена лъжичка сух босилек

- Сол на вкус

- черен пипер на вкус

Адреси

1.Комбинирайте първите пет съставки в глинен съд; Сложете тенджерата на силен огън и 3 до 4 часа.

2.Добавете останалите съставки и гответе още 2 до 3 минути или докато се сгъсти.

3.Пасирайте супата в кухненски робот или блендер до желаната консистенция.

4.Регулирайте подправките и сервирайте със заквасена сметана.